COLLECTION PLAISIRS DE LA CUISINE

Délicieuses recettes de soupes

Recettes et photos :
Stéphanie Ellin : p.8, 12, 20, 26, 28, 34, 36, 40, 42, 68, 72, 74, 76, 80, 82, 104, 108, 112, 122, 128, 130, 132, 138, 152, 154, 156, 160.
MMP - Irina Samavska Lenivitz Production : p.10, 18, 88, 120.
Johanna Kaufmann : p.16, 18.
Sylvie Aït-Ali : p.24, 32, 50, 58, 60, 64, 66, 84, 90, 92, 96, 98, 100, 106, 114, 140, 146, 150, 158.
Annabel Padilla : p.44, 52, 124.
MMP – Stilyagi Studio © Fotolia.com : p.116.
MMP – Casseb © Fotolia.com : p.136.
Chantal Descazeaux : p.144.
Coralie Salmeron – Pierre Marilly : p.148.

EDITIONS ESI

60, rue Vitruve, 75020 Paris

Imprimé en France par Mame Imprimeur - Tours

sommaire

Bloody mary en gaspacho à ma façon

Préparation : 15 minutes • Cuisson : 1 minute • Repos : 30 minutes • Difficulté : ★ Budget : ★

Pour 6 verrines

- 5 tomates
- 1 concombre
- Basilic
- 1 oignon rouge
- 6 cl de vodka
- Sauce Worcestershire
- Tabasco
- Le jus de 1 citron vert
- Fenouil
- 1 cuil. à soupe d'huile d'olive
- Glaçons
- Sel de céleri et poivre du moulin

Dans une grande casserole d'eau bouillante, mondez les tomates (incisez-les d'une croix et plongez-les quelques secondes dans l'eau bouillante, puis dans l'eau froide, afin de retirer la peau plus facilement). Taillez-les en quatre et épépinez-les. Réservez.

Lavez et épluchez le concombre. Taillez-le en deux dans le sens de la longueur et épépinez-le à l'aide d'une petite cuillère. Coupez-le ensuite en morceaux.

Lavez et ciselez le basilic. Épluchez et taillez l'oignon.

Dans le bol d'un mixeur, placez les tomates, le concombre, l'oignon, le basilic. Mixez le tout finement puis incorporez la vodka. Assaisonnez d'un peu de poivre et ajoutez un trait de sauce Worcestershire, quelques gouttes de Tabasco, ainsi que le jus de citron. Goûtez et rectifiez l'assaisonnement si nécessaire.

Versez la préparation dans une carafe, filmez et placez-la au réfrigérateur 30 minutes minimum.

Au moment de servir, répartissez le bloody mary en gaspacho dans les verrines et ajoutez une lamelle de fenouil dans chacune d'entre elles.

Versez un filet d'huile d'olive et saupoudrez d'une pincée de sel de céleri. Servez avec des glaçons et dégustez bien frais.

Bouillon à l'ail

Préparation : 15 minutes • Cuisson : 10 minutes • Difficulté : ★ Budget : ★

Pour 4 personnes

- **3 gousses d'ail**
- **1 l de bouillon de volaille**
- **Thym**
- **Laurier**
- **Sauge**
- **4 cuil. à café d'huile de tournesol**

Hachez l'ail.

Mettez le bouillon à chauffer dans une casserole.

Ajoutez-y l'ail, le thym, le laurier, la sauge et l'huile de tournesol.

Faites cuire pendant 10 minutes. Salez et poivrez selon votre goût.

Bouillon asiatique au bœuf

Préparation : 25 minutes • Cuisson : 3 heures • Difficulté : ★★ Budget : ★★

Pour 4-5 personnes

- **1 carotte**
- **1 oignon**
- **1 gousse d'ail**
- **500 g de macreuse**
- **Coriandre**
- **1 cm de gingembre frais**
- **1 brin de ciboule**
- **20 g de champignons noirs**
- **Beurre**
- **1 piment oiseau**
- **1 bâton de cannelle**
- **100 g de vermicelle de soja**
- **Sauce nuoc-mâm**
- **1 citron vert**

Lavez et épluchez la carotte. Coupez-la en quatre. Épluchez l'oignon et coupez-le en rondelles. Pelez l'ail, coupez-le en deux et enlevez le germe. Dégraissez le bœuf et coupez-le en morceaux. Lavez la coriandre. Épluchez et taillez le gingembre en lamelles. Lavez et taillez la ciboule finement.

Faites bouillir de l'eau et mettez à tremper les champignons noirs pendant 15 minutes. Égouttez. Taillez-les en morceaux et réservez.

Dans une grande casserole, faites revenir l'oignon et l'ail avec un peu de beurre. Ajoutez ensuite le piment, la cannelle, le gingembre, la carotte ainsi que les morceaux de bœuf et la moitié de la coriandre. Recouvrez le tout de 1,5 l d'eau. Portez le tout à ébullition et faites cuire 3 heures minimum à feu doux.

À l'aide d'une passoire, filtrez le bouillon. Récupérez les morceaux de bœuf et effilochez-les.

Dans la casserole, versez le bouillon filtré et ajoutez les morceaux de bœuf détaillés, les champignons noirs, la ciboule ainsi que le vermicelle de soja. Assaisonnez d'un peu de nuoc-mâm et d'un filet de citron vert selon votre goût.

Réchauffez quelques minutes à feu moyen.

Versez le bouillon dans des bols et parsemez de coriandre ciselée. Dégustez.

Bouillon carotte et laitue

Préparation : 10 minutes • Cuisson : 1 heure • Difficulté : ★ Budget : ★

Pour 2 personnes

- **3 carottes**
- **1 laitue**
- **1 branche de persil**
- **Lait**
- **Sel et poivre**

Pelez et coupez les carottes en fines rondelles. Lavez soigneusement la laitue ; séparez-en les feuilles que vous découperez en morceaux. Lavez le persil. Placez les rondelles de carottes, les morceaux de laitue et le persil dans une casserole d'eau. Salez, poivrez. Faites cuire à feu doux pendant 1 heure.

Passez le bouillon au tamis et versez-le dans des bols. Complétez avec la même quantité de lait.

Bouillon d'artichaut

Préparation : 10 minutes • Cuisson : 1 heure • Difficulté : ★ Budget : ★

Pour 2 personnes

- **1 artichaut**
- **½ citron**
- **2 pommes de terre**
- **1 branche de persil**
- **Lait**
- **Sel et poivre**

Lavez et épluchez l'artichaut afin d'en récupérer le fond. Déposez-y aussitôt quelques gouttes de jus de citron afin qu'il ne noircisse pas puis découpez-le en morceaux grossiers.

Pelez et lavez les pommes de terre, coupez-les en gros morceaux.

Placez les morceaux de pomme de terre et d'artichaut dans une casserole remplie d'eau. Salez, poivrez. Ajoutez-y le persil préalablement lavé et faites bouillir à feu doux pendant 1 heure.

Passez le bouillon au tamis et versez-le dans des bols. Complétez avec la même quantité de lait.

Bouillon de haricots verts

Préparation : 10 minutes • Cuisson : 1 heure • Difficulté : ★ Budget : ★

Pour 2 personnes

- **60 g de haricots verts**
- **1 branche de persil**
- **Lait**
- **Sel et poivre**

Lavez les haricots verts, effilez-les et coupez-les en morceaux. Lavez le persil.

Placez les haricots et le persil dans une casserole d'eau et faites cuire à feu doux pendant 1 heure. Salez, poivrez.

Passez le bouillon au tamis et versez-le dans des bols. Complétez avec la même quantité de lait.

Bouillon potiron et poireau

Préparation : 10 minutes • Cuisson : 1 heure • Difficulté : ★ Budget : ★

Pour 2 personnes

- **100 g de potiron**
- **2 poireaux**
- **1 branche de persil**
- **Lait**
- **Sel et poivre**

Épluchez le potiron et ôtez soigneusement toutes les graines, coupez-le en gros dés.

Épluchez les poireaux en ne conservant que le blanc, découpez-les en gros tronçons. Lavez le persil.

Placez le potiron, le poireau et le persil dans une casserole d'eau et faites cuire à feu doux pendant 1 heure. Salez, poivrez.

Passez le bouillon au tamis et versez-le dans des bols. Complétez avec la même quantité de lait.

Bouillon de légumes aux pépinettes et aux champignons noirs

Préparation : 10 minutes • Cuisson : 15 minutes • Difficulté : ★ Budget : ★

Pour 2 personnes

- 5 champignons noirs
- 1 carotte
- 2 cubes de bouillon de légumes
- 4 cuil. à soupe de pépinettes
- Sel et poivre

Faites bouillir 1 l d'eau dans une casserole et faites-y cuire les champignons noirs pendant 5 minutes.

Rincez-les et coupez-les en lamelles.

Pelez la carotte et coupez-la en petits cubes.

Faites à nouveau bouillir 1 l d'eau dans la casserole et ajoutez les cubes de bouillon en prenant soin de bien les dissoudre.

Ajoutez ensuite les pépinettes, les cubes de carotte et les champignons.

Laissez cuire le temps que les pâtes soient al dente.

Salez, poivrez et servez chaud.

Conseil : vous pouvez faire la même chose avec des coquillettes, et ajouter des petits pois et des blancs de poulet précuits coupés en morceaux, ou des crevettes.

Bouillon de poule aux petites lettres, lardons et petits pois

Préparation : 5 minutes • Cuisson : 10 minutes • Difficulté : ★ Budget : ★

Pour 2 personnes

- 2 cubes de bouillon de poule
- 2 cuil. à soupe de petits pois frais
- 4 cuil. à soupe de pâtes alphabet
- 100 g de lardons
- Sel et poivre

Faites bouillir 1 l d'eau dans une casserole et jetez-y les cubes de bouillon en prenant soin de bien les dissoudre.

S'ils sont frais, écossez les petits pois, puis ajoutez-les dans le bouillon avec les pâtes et les lardons.

Laissez cuire quelques minutes, salez, poivrez et servez chaud.

Conseil : vous pouvez faire la même chose avec du vermicelle et ajouter des dés de carotte ou des blancs de poulet précuits en morceaux. Si vous en avez, parsemez les pâtes d'herbes aromatiques (basilic, persil…).

Bouillon thaï aux crevettes et poulet

Préparation : 40 minutes • Cuisson : 25 minutes • Difficulté : ★★ Budget : ★★

Pour 4 personnes

- 5 feuilles de coriandre
- 1 oignon
- 1 cm de gingembre frais
- 1 gousse d'ail
- 1 bâton de citronnelle
- 1 carotte
- 60 g de pois gourmands
- 250 g de blanc de poulet
- 3 cuil. à soupe de sauce soja
- 75 cl de bouillon de volaille
- 25 cl de lait de coco
- 1 piment oiseau
- Beurre
- 4 oignons nouveaux
- 300 g de crevettes roses

Lavez et ciselez la coriandre. Épluchez et taillez finement l'oignon et le gingembre. Pelez l'ail, coupez-le en deux et enlevez le germe. Taillez la citronnelle en morceaux. Épluchez et lavez la carotte. À l'aide d'un économe, taillez-la en fines lamelles. Lavez les pois gourmands et coupez-les en deux. Émincez le blanc de poulet en fines lamelles et faites mariner celles-ci dans la sauce soja.

Préparez le bouillon. Dans une grande casserole, versez le bouillon de volaille et le lait de coco. Ajoutez le piment oiseau, la citronnelle, le gingembre, l'oignon et l'ail. Portez à ébullition et laissez infuser à feu moyen pendant 20 minutes.

Dans une eau bouillante salée, blanchissez les pois gourmands 2 minutes. Égouttez-les et rafraîchissez-les dans l'eau glacée. Cette opération fixe la couleur du légume.

Dans une poêle bien chaude, faites sauter les lamelles de poulet avec une noix de beurre. Dès qu'elles sont bien dorées, retirez-les du feu et réservez.

Lavez et ciselez finement les oignons nouveaux.

Filtrez le bouillon et ajoutez les carottes émincées en bâtonnets, la coriandre ciselée, les pois gourmands, les oignons nouveaux ainsi que les lamelles de poulet et les crevettes.

Présentez le bouillon thaï dans des bols. Dégustez.

Cappuccino de mâche au wasabi

Préparation : 15 minutes • Cuisson : 15 minutes • Difficulté : ★ Budget : ★

Pour 8 personnes

- **70 cl de bouillon de volaille**
- **400 g de mâche**
- **1 betterave crue**
- **1 citron non traité**
- **10 cl de crème liquide**
- **1 cuil. à café de wasabi**

Faites bouillir le bouillon de volaille et coupez aussitôt le feu. Mettez-y la mâche, laissez pocher 5 minutes puis mixez. Râpez un peu de betterave et découpez des zestes du citron.

Portez la crème avec le wasabi à ébullition et faites mousser avec un mixeur plongeant.

Dressez la soupe de mâche avec 2 ou 3 cuil. à soupe de crème mousseuse de wasabi.

Décorez de morceaux de betterave crue et de zestes de citron. Servez aussitôt.

Cappuccino de potiron aux épices d'hiver

Préparation : 25 minutes • Cuisson : 40 minutes • Difficulté : ★ Budget : ★

Pour 4 personnes

- **1 kg de potiron**
- **4 carottes**
- **4 baies de genièvre**
- **½ cuil. à café de graines d'anis**
- **1 orange**
- **15 cl de crème liquide entière (très froide)**
- **Sel, poivre et poivre en grains**

Épluchez le potiron et les carottes et coupez-les en gros cubes. Faites-les cuire dans 1,5 l d'eau bouillante salée jusqu'à ce qu'ils soient bien tendres (environ 40 minutes).

Broyez grossièrement quelques grains de poivre et les baies de genièvre. Poêlez-les 30 secondes avec les graines d'anis. Pressez l'orange. Salez et poivrez la crème liquide. Montez-la en chantilly.

Mixez les légumes avec le jus d'orange et l'eau de cuisson des légumes. La quantité de bouillon varie selon la consistance de soupe souhaitée. Répartissez la soupe dans des bols et déposez une grosse cuillerée de chantilly. Saupoudrez d'une pincée d'épices. Dégustez bien chaud.

Crème de ciboulette

Préparation : 5 minutes • Cuisson : 5 minutes • Difficulté : ★ Budget : ★

Pour 2 personnes

- **2 brins de ciboulette**
- **2 petits-suisses**
- **1 l de lait**
- **2 jaunes d'œufs**
- **Sel et poivre**

Lavez soigneusement la ciboulette et hachez-la.

Dans une petite casserole, faites chauffer à feu doux les petits-suisses, le lait, les jaunes d'œufs et la ciboulette en remuant sans cesse.

Dès que le mélange est bien homogène, vous pouvez servir.

Crème de laitue

Préparation : 10 minutes • Cuisson : 10 minutes • Difficulté : ★ Budget : ★

Pour 2 personnes

- **1 laitue**
- **4 brins de cerfeuil**
- **Lait**
- **2 petits-suisses**
- **Sel et poivre**

Lavez soigneusement la laitue (3 fois de suite) et coupez les feuilles en morceaux. Faites-les cuire 10 minutes dans une casserole d'eau bouillante, avec les brins de cerfeuil préalablement lavés.

Égouttez et mixez le tout avec le lait. Ajoutez les petits-suisses afin d'atteindre la texture souhaitée.

Chorba

Préparation : 30 minutes • Cuisson : 1 h 30 • Difficulté : ★ Budget : ★

Pour 6 personnes

- 1 oignon
- 2 carottes
- 1 grosse pomme de terre
- 2 petites courgettes
- 1 cuil. à soupe d'huile d'olive
- 6 pilons de poulet
- 6 petits morceaux d'agneau
- 2 gousses d'ail
- 2 cuil. à café de cumin en poudre
- 2 cuil. à café de paprika
- Coriandre
- Thym
- 2 cuil. à café d'épices spéciales tajine
- 75 g de vermicelle
- 1 petite boîte de pois chiche en boîte
- Sel

Coupez en petits morceaux l'oignon, les carottes, la pomme de terre et les courgettes.

Dans une cocotte faites chauffer l'huile d'olive et faites dorer les viandes, l'oignon et les gousses d'ail hachées.

Ajoutez le cumin, le paprika et la coriandre finement coupée.

Quand les viandes sont bien dorées, ajoutez un verre d'eau pour dissoudre les sucs et laissez bouillir. Couvrez d'eau à nouveau et ajoutez les légumes et les épices.

Salez, couvrez et laissez mijoter à feu doux pendant 1 heure.

À la fin de la cuisson ajoutez le vermicelle et les pois chiches. Arrêtez le feu après 10 minutes.

La chorba est à servir avec du pain de semoule.

Remarque : la chorba est une soupe complète servie quotidiennement pendant le ramadan.

Consommé de crustacés

Préparation : 30 minutes • Cuisson : 50 minutes • Difficulté : ★★ Budget : ★★★

Pour 4 personnes

- **Pour le fumet de poisson**
- **1 kg de parures de poissons**
- **1 oignon**
- **1 échalote**
- **100 g de champignons de Paris**
- **10 g de beurre**
- **Huile d'olive**
- **Le jus de 1 citron**
- **3 brins de persil**
- **3 branches de thym**
- **1 feuille de laurier**
- **Poivre en grains**

- **12 langoustines**
- **12 palourdes**
- **12 moules**
- **12 coques**
- **60 cl de fumet de poisson**
- **20 cl de crème liquide**
- **Piment d'Espelette en poudre**
- **Aneth**
- **Sel et poivre**

Commencez par préparer le fumet de poisson : tronçonnez en deux ou trois morceaux, selon la taille, les parures de poissons. Épluchez et ciselez l'oignon et l'échalote. Nettoyez les champignons et coupez-les en quatre.

Dans un grand faitout, déposez une noix de beurre et versez un filet d'huile d'olive ; faites revenir l'oignon et l'échalote ciselés ainsi que les parures de poissons. Ajoutez 1,5 l d'eau froide et un filet de jus de citron. Salez légèrement et ajoutez le persil, le thym, la feuille de laurier et quelques grains de poivre. Portez le tout à ébullition et faites cuire 20-25 minutes à découvert, à petits bouillons. Écumez le fumet régulièrement en cours de cuisson (enlevez la mousse qui se forme à la surface). Passez au chinois. Réservez le fumet.

Plongez les langoustines dans une grande casserole d'eau bouillante salée. À la reprise de l'ébullition, comptez 3 minutes. Égouttez et rafraîchissez-les à l'eau froide. Décortiquez.

Faites cuire les palourdes, les moules et les coques dans une casserole à couvert. Lorsqu'elles sont ouvertes, c'est prêt. À l'aide de l'écumoire, récupérez les coquillages. Débarrassez-vous des coques. Réservez les coquillages décortiqués et le jus de cuisson.

Dans une casserole, faites chauffer, tout en les mélangeant, le fumet de poisson, 10 cl de jus de coquillages et la crème liquide. Assaisonnez de sel et de poivre. Laissez mijoter 5 minutes et faites mousser au mixeur.

Répartissez les crustacés dans des assiettes creuses et versez le fumet crémé par-dessus. Saupoudrez d'une pincée de piment d'Espelette et décorez d'un brin d'aneth.

Crème d'artichauts

Préparation : 25 minutes • Cuisson : 40 minutes • Difficulté : ★ Budget : ★

Pour 4 personnes

- 6 artichauts
- 1 oignon
- Beurre
- 60 cl de bouillon de volaille
- 20 cl de lait
- Thym
- Noix de muscade en poudre
- 3 cuil. à soupe de crème fraîche épaisse
- Ciboulette
- Sel et poivre

Pour les tempuras d'artichaut

- 1 œuf
- 33 cl de bière japonaise
- 100 g de farine
- Huile à frire

Faites cuire les artichauts dans une grande quantité d'eau salée pendant 30 minutes à ébullition constante. Les artichauts sont cuits lorsque les feuilles extérieures se détachent. Rafraîchissez-les alors dans l'eau glacée.

Quand les artichauts sont froids, récupérez les cœurs en enlevant les feuilles et le foin. Réservez un cœur d'artichaut pour la confection des tempuras. Coupez les cinq cœurs restants en gros dés. Épluchez et ciselez l'oignon.

Préparez les tempuras : à l'aide d'un fouet, mélangez l'œuf avec la bière (ou 30 cl d'eau glacée) puis versez la farine. Mélangez bien afin qu'il n'y ait pas de grumeaux.

Détaillez le cœur d'artichaut réservé en lamelles de 0,5 cm d'épaisseur. Plongez les lamelles dans la pâte à tempuras et faites-les frire dans un bain d'huile chaude. Quand elles sont dorées, retirez-les et disposez-les sur un papier absorbant. Assaisonnez-les de sel.

Dans une grande casserole, faites revenir l'oignon ciselé avec une noix de beurre. Quand il est doré, ajoutez les dés d'artichaut. Mélangez pendant 1 minute puis versez le bouillon de volaille, le lait et parsemez d'un peu de thym. Assaisonnez de sel, de poivre et de muscade. Faites cuire à petits bouillons une dizaine de minutes.

Mixez le tout finement, ajoutez la crème fraîche ainsi qu'une noix de beurre. Rectifiez l'assaisonnement si nécessaire.

Répartissez la crème dans les bols, parsemez de ciboulette hachée et accompagnez des tempuras.

Crème de poireaux

Préparation : 10 minutes • Cuisson : 40 minutes • Difficulté : ★ Budget : ★

Pour 2 personnes

- **2 poireaux**
- **4 pommes de terre**
- **Persil**
- **2 petits-suisses**

Lavez les poireaux et coupez les blancs en tronçons.

Coupez les pommes de terre en morceaux et lavez-les.

Placez les poireaux et les pommes de terre dans une casserole d'eau, ajoutez-y le persil et faites cuire à feu doux pendant 40 minutes.

Mixez les légumes avec les petits-suisses.

Crème de patates douces aux noisettes

Préparation : 15 minutes • Cuisson : 20 minutes • Difficulté : ★ Budget : ★

Pour 6 personnes

- **500 g de patates douces**
- **Huile d'olive**
- **20 cl de lait**
- **20 cl de crème liquide**
- **3 cuil. à soupe de noisettes grillées et concassées**
- **Sel et poivre**

Épluchez les patates douces et coupez-les en morceaux. Faites-les revenir dans un peu d'huile d'olive et ajoutez le lait. Laissez cuire 20 minutes à couvert.

Mixez le tout en y ajoutant la crème liquide, du sel et du poivre. Si le mélange est trop épais, mettez un peu d'eau.

Dressez dans des assiettes à soupe ou des bols en déposant sur la crème de patates douces des noisettes légèrement grillées à la poêle.

Pois chiches en soupe

Préparation : 25 minutes • Repos : 12 heures • Cuisson : 30 minutes • Difficulté : ★ Budget : ★

Pour 4 personnes

- 600 g de pois chiches
- 3 oignons
- 10 cl de crème fraîche liquide
- Le jus de 1 citron
- 4 cuil. à café d'huile de tournesol
- allégée
- Basilic
- Persil

Faites tremper les pois chiches pendant 12 heures. Égouttez-les et essuyez-les. Hachez les oignons.

Faites cuire les pois chiches et les oignons dans de l'eau bouillante pendant 30 minutes.

Ajoutez la crème fraîche et le jus de citron 10 minutes avant la fin de la cuisson.

Une fois la cuisson finie, versez l'huile de tournesol.

Au moment de servir, parsemez de basilic et de persil hachés.

Potage au crabe

Préparation : 30 minutes • Cuisson : 12 minutes • Difficulté : ★★ Budget : ★★★

Pour 4 personnes

- 1 carotte
- 3 champignons shiitake
- 1 oignon
- 2 cuil. à soupe de flocons de bonite
- 50 g de varech en poudre
- 300 g de miettes de crabe
- Le jus de 1 citron

Lavez, pelez et coupez la carotte en fines rondelles.

Faites tremper les champignons dans de l'eau 30 minutes. Coupez-les en fines lamelles. Hachez l'oignon.

Faites bouillir 1 l d'eau. Versez-y les flocons de bonite et le varech. Retirez la casserole du feu au bout de 2 minutes et filtrez l'eau.

Remettez sur le feu, ajoutez le crabe, les shiitake, la carotte, l'oignon et le jus de citron.

Faites cuire pendant 10 minutes.

Crème de chou-fleur

Préparation : 15 minutes • Cuisson : 38 minutes • Difficulté : ★ Budget : ★

Pour 4 personnes

- **30 g de beurre**
- **1 échalote**
- **600 g de chou-fleur**
- **1 cube de bouillon**
- **10 cl de crème liquide**
- **Noix de muscade en poudre**
- **12 noisettes**
- **50 g de lardons allumettes**
- **Huile de noisette**
- **1 cuil. à café de paprika**
- **2 branches de cerfeuil**
- **Sel et poivre**

Dans une sauteuse, faites fondre le beurre puis faites revenir l'échalote émincée sans colorer. Ajoutez les bouquets de chou-fleur, couvrez avec 1 l d'eau. Ajoutez le cube de bouillon et laissez cuire à feu doux après ébullition, pendant 20 minutes. Contrôlez la cuisson du chou-fleur avec la pointe d'un couteau, il doit être très tendre.

Ajoutez la crème, une pincée de muscade, salez et poivrez. Mixez le tout jusqu'à l'obtention d'une crème homogène.

Torréfiez les noisettes dans un four préchauffé à 220 °C (th. 7-8) pendant 5 minutes, réservez.

Faites revenir les lardons dans une poêle bien chaude pendant 3 minutes.

Remplissez les cocottes de crème de chou-fleur, répartissez les lardons, les noisettes grossièrement hachées, arrosez d'un filet d'huile de noisette, saupoudrez de paprika pour la couleur et déposez 1 ou 2 feuilles de cerfeuil. Servez aussitôt.

Crème de courge butternut

Préparation : 20 minutes • Cuisson : 45 minutes • Difficulté : ★ Budget : ★

Pour 2 ou 3 personnes

- **1 courge butternut (de 1 kg)**
- **1 carotte**
- **1 échalote**
- **Beurre**
- **35 cl de lait d'avoine**
- **Cannelle en poudre**
- **Noix de muscade en poudre**
- **Coriandre en grains**
- **Thym**
- **1 cuil. à soupe de miel**
- **Sel et poivre**

Épluchez la courge. Coupez-la grossièrement en morceaux. Réservez dans un bol 2 morceaux que vous taillerez en petits dés.

Épluchez et lavez la carotte. Détaillez-la en petits dés. Réservez-en le tiers dans le bol avec les petits dés de courge.

Épluchez et ciselez l'échalote finement.

Dans une casserole, faites fondre une noix de beurre et faites revenir 2-3 minutes l'échalote avec les morceaux de courge et les deux tiers de la carotte. Ajoutez le lait d'avoine ainsi que la cannelle, la muscade et les grains de coriandre. Assaisonnez de sel et de poivre et faites cuire 25 minutes environ à petite ébullition.

Dans une poêle avec une noix de beurre, faites dorer les dés de courge et de carotte. Assaisonnez de thym et laissez mijoter sur feu doux 10 minutes. Versez le miel et enrobez les légumes pour bien les glacer.

Mixez la crème de courge à l'aide d'un mixeur plongeant et ajoutez une noix de beurre. Goûtez et rectifiez l'assaisonnement si nécessaire.

Répartissez la crème de courge dans les bols et parsemez-les des dés de courge et de carotte.

Crème de lentilles

Préparation : 20 minutes • Cuisson : 35 minutes • Difficulté : ★ Budget : ★

Pour 4 personnes

- **1 carotte**
- **1 oignon**
- **350 g de lentilles vertes du Puy**
- **20 g de beurre**
- **Thym**
- **1 feuille de laurier**
- **60 cl de lait**
- **20 cl de crème liquide**
- **1 noix de muscade**
- **Huile de noisette**
- **Sel et poivre**

Épluchez la carotte et coupez-la en lamelles. Ciselez l'oignon finement.

Dans une grande casserole remplie d'eau froide, blanchissez les lentilles. Portez-les à ébullition 3 minutes puis égouttez et rafraîchissez-les à l'eau froide.

Dans une casserole, faites revenir avec un peu de beurre l'oignon ciselé et la carotte. Ajoutez les lentilles, quelques branches de thym et le laurier. Mélangez et couvrez d'eau aux deux tiers de la casserole. Faites cuire 30 minutes. Salez seulement en fin de cuisson, pour que la peau des lentilles ne durcisse pas.

Égouttez et conservez 100 g de lentilles pour la finition de la crème. Enlevez la feuille de laurier. Mixez finement la préparation avec le lait. Vous pouvez passer la crème au tamis si vous souhaitez une crème très fine. Ajoutez de la crème liquide, une noix de beurre ainsi que la muscade râpée. Assaisonnez de sel et de poivre.

Disposez la soupe dans des bols et déposez quelques lentilles dessus, ainsi qu'un filet d'huile de noisette. Dégustez.

Conseil : si la crème est trop épaisse à votre goût, rallongez-la avec un peu de lait.

Gaspacho à la feta

Préparation : 5 minutes • Difficulté : ★ Budget : ★

Pour 4 personnes

- **½ concombre ; 100 g de céleri-rave**
- **800 g de tomates ; ½ poivron jaune**
- **10 feuilles de coriandre**
- **2 gousses d'ail**
- **1 oignon**
- **10 cl d'huile d'olive**
- **1 cuil. à soupe de vinaigre de Xérès**
- **300 g de feta marinée dans l'huile d'olive**
- **Sel et poivre**

Pelez le concombre et le céleri et coupez la chair en petits morceaux. Coupez les tomates et le poivron en petits dés. Réservez quelques feuilles de coriandre, quelques dés de tomate et de poivron.

Mélangez tous les ingrédients sauf la feta. Mixez finement en ajoutant environ 50 cl d'eau.

Rectifiez l'assaisonnement si nécessaire et réservez au réfrigérateur.

Au moment de servir, répartissez les dés de légumes réservés et les cubes de feta au centre des assiettes. Versez le gaspacho bien frais et décorez avec des feuilles de coriandre.

Gaspacho de carottes à la coriandre

Préparation : 15 minutes • Repos : 2 heures • Cuisson : 15 minutes • Difficulté : ★ Budget : ★

Pour 6 verrines

- **600 g de carottes**
- **1 gousse d'ail**
- **10 cl d'huile d'olive**
- **1 botte de coriandre**
- **Mélange 5 baies**
- **Croûtons à l'ail**
- **Sel**

Pelez les carottes et coupez-les en rondelles. Pelez l'ail, enlevez le germe et hachez-le. Faites revenir le tout dans l'huile d'olive puis laissez suer à feu doux pendant 12 minutes.

Lavez la coriandre et mixez-la. Ajoutez-la aux carottes et mixez le tout en ajoutant un peu d'eau pour obtenir une soupe liquide. Assaisonnez avec du sel et le mélange 5 baies.

Passez au chinois et remplissez les verrines. Placez au frais pour 2 heures minimum. Servez très frais avec de petits croûtons aillés.

Gaspacho de concombre

Préparation : 10 minutes • Cuisson : 5 minutes • Difficulté : ★ Budget : ★

Pour 4 personnes

- **1 concombre**
- **1 pot de sauce (Concombre & Ail type Bénédicta)**
- **½ bouquet de menthe**
- **½ bouquet de persil**
- **Huile d'olive**
- **½ baguette (rassise)**
- **1 gousse d'ail (hachée)**
- **Sel et poivre**

Dans un blender, mettez le concombre pelé, le bocal de sauce Concombre & Ail type Bénédicta, la menthe, le persil et 2 cuil. à soupe d'huile d'olive. Mixez jusqu'à avoir une consistance crémeuse. Salez et poivrez. Mettez le tout au réfrigérateur.

Coupez la baguette en rondelles. Dans une poêle, faites revenir le pain, l'ail haché et du persil avec de l'huile d'olive, jusqu'à obtenir une belle coloration des croûtons. Servez le gaspacho bien frais dans des verres transparents. Saupoudrez de croûtons avant de servir.

Gaspacho en verrine

Préparation : 5 minutes • Cuisson : 15 minutes • Repos : 1 heure • Difficulté : ★ Budget : ★

Pour 4 à 6 verrines

- **250 g de tomates concassées en boîte**
- **1 cuil. à soupe d'huile d'olive**
- **1 gousse d'ail**
- **Tabasco**
- **Sel et poivre**

Dans une casserole, versez les tomates, l'huile d'olive et l'ail écrasé et faites chauffer à feu doux pendant 15 minutes. Laissez refroidir et mixez.

Salez, poivrez et ajoutez 2 gouttes de Tabasco.

Versez le gaspacho dans les verrines et placez au réfrigérateur 1 heure avant de servir.

Crème de petits pois et d'asperges

Préparation : 20 minutes • Cuisson : 40 minutes • Difficulté : ★ Budget : ★

Pour 4 personnes

- 1 botte d'asperges
- 1 oignon
- Beurre
- 400 g de petits pois
- Thym
- 1 l de bouillon de volaille
- 6 cuil. à soupe de crème fraîche épaisse
- Huile d'olive
- Sel et poivre

- Parmesan
- Pain de campagne grillé

Lavez les asperges et taillez-les en petits morceaux. Réservez les pointes. Ciselez l'oignon.

Faites revenir dans une casserole avec 10 g de beurre l'oignon, les petits pois et les morceaux d'asperge. Ajoutez une pincée de sel et un peu de thym. Versez le bouillon de volaille. Faites cuire 15 à 20 minutes à petits bouillons.

Mixez les petits pois et les asperges avec le bouillon. Ajoutez une noix de beurre et la crème. Assaisonnez de sel et de poivre.

Dans une poêle, faites cuire les pointes d'asperge avec 10 g de beurre. Le cœur doit être croquant et l'extérieur moelleux et brillant.

Disposez la crème de petits pois et d'asperges dans des bols. Répartissez les pointes d'asperge et ajoutez un filet d'huile d'olive.

Vous pouvez servir la crème accompagnée d'un peu de parmesan râpé et de pain de campagne grillé. Dégustez chaud.

Conseil : vous pouvez aussi utiliser des petits pois surgelés.

Crème de rutabagas

Préparation : 15 minutes • Cuisson : 25 minutes • Difficulté : ★ Budget : ★

Pour 4 personnes

- **2 rutabagas**
- **1 oignon**
- **Beurre**
- **Huile d'olive**
- **1 feuille de laurier**
- **2 branches de thym**
- **35 cl de bouillon de volaille**
- **15 cl de crème fraîche épaisse**
- **25 cl de lait**
- **Sel et poivre**

Lavez et épluchez les rutabagas, puis coupez-les en morceaux. Épluchez et émincez l'oignon.

Dans une grande casserole, faites chauffer un peu de beurre avec un filet d'huile d'olive et ajoutez l'oignon et les morceaux de rutabaga. Faites suer la préparation avec le laurier et le thym, 1 à 2 minutes, sur feu moyen à vif. Versez ensuite le bouillon de volaille et assaisonnez de poivre et de sel. Portez la préparation à ébullition et laissez mijoter sur feu moyen, 20 minutes environ.

Dès que les rutabagas sont tendres, enlevez la feuille de laurier et le thym et mixez la soupe à l'aide d'un mixeur plongeant (ou d'un blender). Ajoutez une noix de beurre, la crème fraîche et mélangez avec une cuillère en bois. Incorporez, pour terminer, le lait petit à petit. Mélangez, goûtez et rectifiez l'assaisonnement en sel et en poivre si nécessaire.

Réchauffez le potage sur feu doux en remuant.

Disposez la crème de rutabaga dans les bols, parsemez de thym et dégustez.

Conseil : rallongez le potage avec du lait et/ou du bouillon si vous le trouvez trop épais.

Crème de topinambours aux noisettes

Préparation : 15 minutes • Cuisson : 20 minutes • Difficulté : ★ Budget : ★

Pour 6 personnes

- **500 g de topinambours**
- **Huile d'olive**
- **20 cl de lait**
- **20 cl de crème liquide**
- **3 cuil. à soupe de noisettes (concassées)**
- **Sel et poivre**

Épluchez les topinambours et coupez-les en morceaux. Faites-les revenir dans un peu d'huile d'olive et ajoutez le lait. Laissez cuire 20 minutes, à couvert.

Mixez le tout en ajoutant la crème liquide, du sel et du poivre. Si le mélange est trop épais, mettez un peu d'eau.

Parsemez de noisettes légèrement grillées à la poêle avant de servir.

Conseil : vous pouvez également mettre une poêlée de champignons sur la crème.

Potage au cresson

Préparation : 25 minutes • Cuisson : 30 minutes • Difficulté : ★ Budget : ★

Pour 4 personnes

- **1 carotte**
- **2 oignons**
- **200 g de cresson**
- **1 navet**
- **1 l de bouillon de volaille**
- **Sel et poivre**

Lavez, pelez et coupez la carotte en fines rondelles. Hachez les oignons.

Lavez et épluchez le cresson.

Coupez le navet en petits morceaux.

Faites chauffer le bouillon dans une casserole, ajoutez le navet.

Au bout de 10 minutes, ajoutez la carotte, le cresson et les oignons.

Laissez mijoter 20 minutes. Salez, poivrez.

Potage aux champignons

Préparation : 20 minutes • Cuisson : 30 minutes • Difficulté : ★ Budget : ★

Pour 4 personnes

- **80 cl de bouillon de volaille**
- **200 g de champignons de Paris**
- **20 cl de lait écrémé**
- **Persil**
- **Ciboulette**
- **Sel et poivre**

Faites chauffer le bouillon de volaille.

Coupez les champignons en lamelles et ajoutez-les au bouillon.

Versez le lait.

Hachez le persil et la ciboulette, incorporez-les à la préparation. Salez, poivrez.

Faites cuire le tout, 25 minutes.

Potage aux courgettes

Préparation : 20 minutes • Cuisson : 25 minutes • Difficulté : ★ Budget : ★

Pour 4 personnes

- **3 courgettes**
- **1 gousse d'ail**
- **1 oignon**
- **15 cl de fromage blanc à 0 % de matière grasse**
- **Basilic**

Pelez et épépinez les courgettes. Faites-les cuire 20 minutes dans de l'eau bouillante.

Hachez l'ail et l'oignon.

Retirez du feu et ajoutez le fromage blanc, l'ail et l'oignon.

Mixez le tout.

Faites chauffer 5 minutes puis parsemez d'un peu de basilic.

Potage aux orties

Préparation : 20 minutes • Cuisson : 20 minutes • Difficulté : ★ Budget : ★

Pour 4 personnes

- **1 gousse d'ail**
- **200 g d'orties**
- **4 cuil. à café de crème fraîche liquide allégée**
- **2 cuil. à soupe d'huile de colza**

Hachez l'ail.

Faites revenir 5 minutes les orties dans une poêle.

Ajoutez la crème fraîche.

Versez le tout dans une casserole avec 1 l d'eau bouillante. Laissez mijoter 15 minutes.

Ajoutez l'huile.

Mixez. Salez, poivrez.

Gratinée d'oignons au cheddar

Préparation : 10 minutes • Cuisson : 20 minutes • Difficulté : ★ Budget : ★

Pour 4 personnes

- 1 cuil. à soupe d'ail en poudre
- 500 g d'oignons
- 50 g de beurre
- 25 g de farine
- 20 cl de vin blanc sec
- 75 cl de bouillon de bœuf
- 150 g de cheddar
- Sel et poivre

Faites revenir 3 minutes l'ail et les oignons émincés dans le beurre chaud. Saupoudrez de farine et laissez blondir, mouillez de vin et de bouillon. Faites cuire à découvert 15 minutes environ.

Allumez le gril du four. Incorporez la moitié du cheddar râpé dans la soupe sans cesser de remuer.

Transvasez la soupe dans 4 cocottes, salez et poivrez. Râpez le reste de cheddar et parsemez-en les bols de soupe.

Glissez les cocottes au four sous le gril très chaud. Laissez cuire jusqu'à ce que la surface soit bien dorée. Servez bien chaud.

Conseil : le cheddar peut être remplacé par du gruyère ou du comté.

Harira

Préparation : 30 minutes • Cuisson : 1 heure • Difficulté : ★ Budget : ★

Pour 6 personnes

- 4 branches de céleri
- ½ botte de persil plat
- ½ botte de coriandre
- 2 oignons
- 2 cuil. à soupe d'huile d'olive
- 2 cuil. à soupe de farine
- 1 cube de bouillon de légumes
- 1 dose de safran en poudre
- ½ cuil. à café de curcuma
- ½ cuil. à café de paprika
- 2 cuil. à soupe de concentré de tomates
- 500 g de pulpe de tomates
- 150 g de lentilles cuites
- 150 g de pois chiches en boîte
- 80 g de vermicelle
- Sel et poivre

Coupez le céleri en petits morceaux. Hachez le persil, la coriandre et les oignons.

Mettez l'huile à chauffer dans une cocotte, ajoutez-les herbes hachées et le céleri. Saupoudrez de farine, mélangez bien puis couvrez de 2 l d'eau. Ajoutez le cube de bouillon, les épices, salez et poivrez.

Portez à ébullition, laissez cuire pendant 5 minutes puis ajoutez le concentré de tomates et la pulpe de tomates. Laissez cuire 30 minutes.

Ajoutez les lentilles, les pois chiches et le vermicelle et poursuivez la cuisson 15 minutes à feu doux.

Conseil : vous pouvez également ajouter de la viande de mouton coupée en petits morceaux en début de préparation, pour une soupe plus complète.

Marmites de velouté de potiron aux ravioles

Préparation : 10 minutes • Cuisson : 45 minutes • Difficulté : ★ Budget : ★

Pour 6 personnes

- **2 oignons**
- **2 gousses d'ail**
- **1 cuil. à soupe d'huile d'olive**
- **500 g de potiron**
- **1 cube de bouillon de volaille**
- **1 plaquette de ravioles de Romans**
- **Ciboulette**
- **Sel et poivre**

Émincez les oignons et hachez l'ail. Faites fondre le tout dans une casserole à fond épais, avec l'huile d'olive.

Pelez et détaillez le potiron en cubes. Ajoutez dans la casserole avec l'ail et l'oignon. Mélangez et faites cuire 10 minutes sur feu doux.

Versez 50 cl d'eau. Ajoutez le cube de bouillon émietté, du sel et du poivre et faites mijoter 30 minutes environ, jusqu'à ce que le potiron soit tendre.

Passez ensuite au mixeur en ajoutant un peu d'eau si la consistance du velouté vous semble trop épaisse.

Versez le velouté de potiron bien chaud dans chaque petite marmite et déposez à la surface quelques ravioles. Laissez reposer 5 minutes environ avant de déguster. Décorez de brins de ciboulette.

Conseil : vous pouvez également décorer la surface de cette soupe de baies roses.

Potage de légumes à la crème

Préparation : 20 minutes • Cuisson : 45 minutes • Difficulté : ★ Budget : ★

Pour 4 personnes

- 300 g de pommes de terre
- 400 g de carottes
- 300 g de poireaux
- 200 g de navets
- Ciboulette
- 15 cl de crème liquide
- ¼ de citron
- Sel et poivre

Épluchez les légumes et coupez-les en gros dés. Plongez-les dans 1,5 l d'eau froide salée, portez doucement à ébullition et laissez cuire pendant 45 minutes.

Écrasez finement les légumes avec un mixeur plongeant ou au blender. Salez et poivrez à votre goût.

Ciselez finement la ciboulette. Incorporez-la à la crème fraîche salée et poivrée. Ajoutez ensuite un filet de jus de citron.

Répartissez le potage dans des bols. Déposez une cuillerée de crème aromatisée. Servez bien chaud.

Potage poireau et pomme de terre

Préparation : 10 minutes • Cuisson : 30 minutes • Difficulté : ★ Budget : ★

Pour 2 personnes

- 2 pommes de terre
- 2 poireaux
- Lait
- Sel et poivre

Épluchez et lavez les pommes de terre, coupez-les en morceaux.

Épluchez les poireaux, ôtez le vert et ne conservez que le blanc. Débitez-les en tronçons.

Dans une casserole d'eau bouillante, faites cuire les légumes pendant 30 minutes. Salez et poivrez.

Mixez avec moitié d'eau de cuisson et moitié de lait.

Potage riz et champignons

Préparation : 10 minutes • Cuisson : 10 minutes • Difficulté : ★ Budget : ★

Pour 2 personnes

- 40 cl de lait
- 40 g de riz
- 160 g de champignons de Paris
- Sel et poivre

Faites cuire le riz dans une casserole avec le lait pendant 10 minutes. Salez et poivrez.

Lavez les champignons, ôtez les pieds et coupez les chapeaux en fines lamelles.

Versez ces champignons dans la casserole de riz à mi-cuisson.

Mixez la préparation.

Soupe à l'oignon

Préparation : 20 minutes • Cuisson : 30 minutes • Difficulté : ★ Budget : ★

Pour 4 personnes

- 6 oignons
- 1 piment
- 1 l de bouillon de volaille
- Thym
- Laurier
- 1 cuil. à café d'huile de colza
- 40 g de gruyère râpé
- Sel et poivre

Coupez les oignons en lanières.

Faites-les revenir dans une poêle jusqu'à ce qu'ils soient bien dorés.

Coupez le piment en petits morceaux.

Faites chauffer le bouillon, ajoutez-y les oignons, le thym et le laurier. Salez, poivrez.

Laissez mijoter 25 minutes. Ajoutez l'huile.

Parsemez de fromage râpé.

Potage de légumes vitaminé

Préparation : 15 minutes • Cuisson : 30 minutes • Difficulté : ★ Budget : ★

Pour 4 personnes

- **4 pommes de terre**
- **1 blanc de poireau**
- **2 carottes**
- **2 courgettes**
- **2 navets**
- **1 oignon**

Épluchez, lavez et coupez en petits morceaux les pommes de terre, le blanc de poireau, les carottes, les courgettes et les navets.

Dans une casserole, faites revenir quelques minutes l'oignon émincé. Ajoutez les légumes et mélangez. Recouvrez à hauteur d'eau et faites cuire 30 minutes. À la fin de la cuisson, mixez pour obtenir un potage onctueux et servez.

Conseil : ce potage peut aussi être réalisé avec des petits pois, des haricots verts ou du potiron. Pour une consistance plus veloutée, ajoutez deux portions de fromage fondu avant de mixer.

Soupe à l'ail d'Arleux

Préparation : 15 minutes • Cuisson : 35 minutes • Difficulté : ★ Budget : ★

Pour 6 personnes

- **100 g d'ail fumé**
- **1 cuil. à soupe d'huile de tournesol**
- **500 g de pommes de terre**
- **2 carottes**
- **Thym**
- **6 tranches de pain de campagne**
- **100 g de gruyère râpé**
- **Sel et poivre**

Épluchez et émincez l'ail, faites-le revenir légèrement dans l'huile.

Ajoutez les pommes de terre, les carottes râpées, une pincée de thym, salez et poivrez.

Couvrez d'eau et laissez cuire 30 minutes, puis mixez.

Faites griller le pain, placez-le dans les assiettes, recouvrez-le de gruyère puis versez la soupe bien chaude.

Soupe à l'oignon gratinée

Préparation : 15 minutes • Cuisson : 30 minutes • Difficulté : ★ Budget : ★

Pour 4 personnes

- **4 oignons**
- **20 g de margarine**
- **1 cuil. à soupe de farine**
- **2 cubes de bouillon**
- **¼ de baguette**
- **40 g d'emmental râpé**
- **Sel et poivre**

Épluchez et émincez les oignons. Faites fondre la margarine dans une cocotte et mettez les oignons à cuire, ils doivent légèrement colorer.

Ajoutez la farine, mélangez bien puis couvrez avec 1 l d'eau et ajoutez les cubes de bouillon. Laissez cuire à petits bouillons pendant 15 minutes. Rectifiez l'assaisonnement, salez et poivrez.

Coupez la baguette en tronçons épais et placez-les dans les mini cocottes. Versez la soupe sur le pain puis saupoudrez d'emmental râpé.

Mettez au four sous le gril le temps de gratiner la soupe, 5 à 10 minutes. Servez aussitôt.

Potage carotte, poireau et laitue

Préparation : 10 minutes • Cuisson : 30 minutes • Difficulté : ★ Budget : ★

Pour 2 personnes

- 2 carottes
- 2 blancs de poireau
- 1 laitue
- Lait
- Sel et poivre

Lavez et épluchez les carottes et les poireaux. Coupez-les en tronçons. Lavez la laitue.

Dans une casserole d'eau bouillante, faites cuire les rondelles de carotte et de poireau pendant 20 minutes. Ajoutez ensuite les feuilles de laitue découpées en morceaux. Salez et poivrez. Laissez cuire 10 minutes de plus.

Égouttez puis mixez les légumes cuits avec le lait jusqu'à obtenir la consistance souhaitée.

Potage veau et endive

Préparation : 10 minutes • Cuisson : 25 minutes • Difficulté : ★ Budget : ★

Pour 2 personnes

- 2 endives
- 2 pommes de terre
- 2 cuil. à soupe d'huile d'olive
- 40 g de viande de veau
- 40 cl de lait
- 2 cuil. à café de crème fraîche épaisse
- Sel et poivre

Épluchez les endives et les pommes de terre. Lavez-les, coupez-les en morceaux et faites-les cuire à la vapeur pendant 15 minutes.

Faites chauffer l'huile d'olive dans une poêle et faites cuire le veau jusqu'à ce que la viande soit bien dorée.

Mixez les endives, les pommes de terre, le veau et le lait. Ajoutez la crème fraîche et mélangez bien jusqu'à obtenir une texture homogène. Salez et poivrez.

Soupe à l'oseille

Préparation : 10 minutes • Cuisson : 30 minutes • Difficulté : ★ Budget : ★

Pour 6 personnes

- **500 g d'oseille**
- **Beurre**
- **80 g de vermicelle**
- **1 œuf**
- **2 cuil. à soupe de crème fraîche épaisse**
- **Sel et poivre**

Dans une casserole, faites cuire l'oseille dans le beurre pendant 3 minutes. Ajoutez 50 cl d'eau et faites chauffer pendant 20 minutes.

Ajoutez le vermicelle et faites chauffer encore le temps de leur cuisson. Puis retirez la casserole du feu.

Ajoutez l'œuf et la crème fraîche. Salez et poivrez avant de servir.

Soupe à la courgette et au fromage frais

Préparation : 10 minutes • Cuisson : 20 minutes • Difficulté : ★ Budget : ★

Pour 4 personnes

- **10 courgettes**
- **1 gousse d'ail**
- **250 g de fromage frais**
- **Fines herbes (ciboulette, estragon…)**
- **Sel et poivre**

Lavez et coupez les courgettes.

Dans une casserole, faites-les cuire avec 30 cl d'eau et la gousse d'ail et faites chauffer pendant 20 minutes. Mixez.

Hors du feu, ajoutez le fromage frais et les herbes hachées. Poivrez et salez très peu (le fromage l'est déjà). Dégustez.

Soupe au pistou

Préparation : 30 minutes • Repos : 3 heures • Cuisson : 1 heure • Difficulté : ★ Budget : ★

Pour 4 personnes

- 80 g de haricots blancs
- 80 g de haricots rouges
- 1 courgette
- 2 carottes
- 2 pommes de terre
- 100 g de haricots verts
- 1 oignon
- 30 g de vermicelle
- 80 g de fromage râpé
- Sel et poivre

Pour le pistou

- 2 tomates
- 3 gousses d'ail
- 20 feuilles de basilic
- 1 cuil. à soupe de coulis de tomates
- 15 cl d'huile d'olive

Faites préalablement tremper les haricots blancs et rouges 3 heures dans de l'eau froide.

Coupez tous les légumes en petits carrés, les haricots verts en tronçons. Mettez le tout dans une casserole avec les haricots salez, poivrez et couvrez d'eau. Laissez cuire 50 minutes.

Plongez les tomates 30 secondes dans de l'eau bouillante, puis épluchez-les et épépinez-les. Mixez-les avec l'ail, le basilic, le coulis et l'huile d'olive. Ajoutez le pistou aux légumes ainsi que le vermicelle, portez à ébullition et arrêtez le feu. Laissez reposer.

Servez et saupoudrez de fromage.

Conseil : vous pouvez remplacer le fromage râpé par du parmesan.

Soupe crémeuse de saumon

Préparation : 15 minutes • Cuisson : 25 minutes • Difficulté : ★ Budget : ★★

Pour 4 personnes

- **300 g de pommes de terre**
- **2 blancs de poireau**
- **1 oignon**
- **1 cube de bouillon**
- **300 g de pavés de saumon**
- **2 branches d'aneth**
- **15 cl de crème liquide entière**
- **Sel et poivre**

Épluchez, lavez les pommes de terre et coupez-les en dés.

Coupez les poireaux en rondelles. Placez les pommes de terre dans une casserole avec l'oignon émincé, ajoutez le cube de bouillon et couvrez d'eau.

Mettez à cuire 10 minutes puis ajoutez les poireaux et poursuivez la cuisson. Cinq minutes avant la fin de cuisson, ajoutez le saumon coupé en dés, l'aneth ciselé, la crème, salez et poivrez. Laissez finir la cuisson sur un feu très doux.

Au moment de servir, remplissez les cocottes et saupoudrez de quelques pluches d'aneth.

Soupe d'hiver

Préparation : 15 minutes • Cuisson : 30 minutes • Difficulté : ★ Budget : ★

Pour 4 à 6 personnes

- **200 g de panais**
- **200 g de carottes**
- **450 g de courges musquées**
- **1 oignon**
- **1 blanc de poireau**
- **Huile d'olive**
- **1 feuille de laurier**
- **3 branches de thym**
- **75 cl de bouillon de volaille**
- **20 cl de crème liquide**
- **10 g de beurre**
- **Sel et poivre**

Lavez et épluchez les panais et les carottes ainsi que les courges puis coupez-les en morceaux. Épluchez et émincez l'oignon et le poireau.

Dans une grande casserole, faites chauffer un peu d'huile d'olive et faites suer l'oignon et le poireau avec le laurier et le thym. Ajoutez ensuite les carottes, les courges et les panais. Faites revenir le tout 1 à 2 minutes, puis versez le bouillon de volaille et assaisonnez de poivre. Portez à ébullition, puis laissez mijoter les légumes sur feu moyen, 20 à 25 minutes.

Mixez ensuite la soupe à l'aide d'un blender ou d'un mixeur plongeant et ajoutez la crème liquide ainsi qu'une noix de beurre. Mélangez, goûtez et rectifiez l'assaisonnement en sel et en poivre si nécessaire. Réchauffez le potage sur feu doux en remuant.

Disposez la soupe d'hiver dans les bols, parsemez de thym et dégustez.

Conseil : rallongez le potage avec du lait et/ou du bouillon si vous le trouvez trop épais.

Soupe à la tomate

Préparation : 25 minutes • Cuisson : 15 minutes • Difficulté : ★ Budget : ★

Pour 4 personnes

- **4 tomates**
- **1 gousse d'ail**
- **2 oignons**
- **4 cuil. à café d'huile d'olive**
- **10 cl de crème fraîche liquide allégée**
- **Persil**
- **Sel et poivre**

Faites cuire les tomates dans de l'eau bouillante pendant 10 minutes.

Hachez l'ail et les oignons.

Faites revenir les oignons avec 1 cuil. à café d'huile d'olive.

Une fois les tomates cuites, enlevez la peau et écrasez-les en purée.

Ajoutez la crème fraîche, le restant d'huile d'olive, salez et poivrez.

Ajoutez l'ail, les oignons et le persil. Servez chaud.

Soupe aux choux de Bruxelles

Préparation : 20 minutes • Cuisson : 30 minutes • Difficulté : ★ Budget : ★

Pour 6 personnes

- **1 cube de bouillon**
- **500 g de tomates**
- **500 g de choux de Bruxelles**
- **2 oignons**
- **2 cuil. à soupe d'huile d'olive**
- **100 g de lardons fumés**
- **Sel et poivre**

Préparez 1,5 l de bouillon. Coupez les tomates en morceaux. Faites-les cuire avec 3 cuil. à soupe de bouillon. Assaisonnez de sel et de poivre. Passez au mixeur, puis filtrez au tamis.

Faites blanchir les choux de Bruxelles dans un grand volume d'eau bouillante pendant 5 minutes. Égouttez. Mixez les choux de Bruxelles et la purée de tomates et ajoutez le reste de bouillon.

Dans une poêle, faites revenir les oignons émincés dans l'huile d'olive, puis ajoutez les lardons.

Versez les lardons et les oignons dans le potage choux-tomates. Servez chaud.

Soupe aux tomates et aux agrumes

Préparation : 15 minutes • Repos : 2 heures • Difficulté : ★ Budget : ★

Pour 4 personnes

- **8 tomates rondes**
- **2 oignons nouveaux**
- **4 oranges**
- **1 citron vert**
- **1 bouquet de basilic (frais)**
- **1 cuil. à soupe de sucre**
- **Tabasco**
- **Sel**

Pelez et épépinez les tomates. Pelez et émincez les oignons.

Pressez les oranges et le citron vert.

Lavez et effeuillez le basilic.

Mixez ensemble tous les ingrédients. Salez, ajoutez le sucre et deux gouttes de Tabasco.

Gardez au réfrigérateur au moins 2 heures et servez très frais.

Soupe d'artichaut

Préparation : 15 minutes • Cuisson : 25 minutes • Difficulté : ★ Budget : ★

Pour 2 personnes

- **2 artichauts**
- **10 g de beurre**
- **2 cuil. à soupe de farine**
- **40 cl de lait**
- **Sel et poivre**

Faites cuire les artichauts à la vapeur pendant 25 minutes. Épluchez-les et réservez uniquement le fond.

Dans une casserole, faites fondre le beurre puis ajoutez la farine. Délayez jusqu'à obtenir un mélange lisse et homogène. Versez alors la moitié du lait et laissez cuire pendant 5 minutes à feu doux en remuant sans cesse pour épaissir la sauce.

Mixez le fond d'artichaut avec la sauce et le reste de lait.

Soupe de betterave

Préparation : 15 minutes • Cuisson : 15 minutes • Difficulté : ★ Budget : ★

Pour 4 personnes

- 250 g de betterave cuite
- 3 cuil. à soupe de crème fraîche épaisse
- 20 g de beurre
- 1 noix de muscade
- 40 g d'œufs de saumon
- 4 brins d'aneth
- Sel et poivre

Épluchez la betterave et taillez-la en petits morceaux.

Dans une casserole, recouvrez les morceaux de betterave d'eau et portez-les à ébullition. Vous pouvez remplacer l'eau par du bouillon de volaille. Faites cuire 15 minutes.

Mixer le tout finement. Ajoutez la crème fraîche et le beurre ainsi que la muscade râpée. Assaisonnez de sel et de poivre.

Versez dans des bols ou de larges verrines, décorez d'une cuillère à café d'œufs de saumon et d'un brin d'aneth. Dégustez.

Conseil : si la soupe est trop épaisse à votre goût, rallongez-la avec un peu de bouillon de volaille et/ou de la crème fraîche.

Soupe de blé noir à l'andouille

Préparation : 20 minutes • Cuisson : 32 minutes • Difficulté : ★ Budget : ★

Pour 6 à 8 personnes

- 1 oignon
- 1 blanc de poireau
- 4 champignons de Paris
- 5 tranches d'andouilles de Guémené
- 10 g de beurre
- 50 cl de bouillon de bœuf
- Noix de muscade en poudre
- 50 g de farine de blé noir
- 50 cl de lait
- Sel et poivre

- Galettes de blé noir

Épluchez et coupez l'oignon en petits dés. Lavez le blanc de poireau et émincez-le finement. Rincez les champignons de Paris sous l'eau froide puis coupez-les en lamelles. Coupez une tranche d'andouille en dés.

Dans une grande casserole, faites revenir l'oignon et le poireau avec une noix de beurre. Incorporez les dés d'andouille puis les champignons et laissez mijoter le tout 2 minutes en remuant.

Couvrez de bouillon de bœuf et assaisonnez d'un peu de sel, de poivre et de muscade. Portez à ébullition et laissez mijoter 15 minutes environ.

Mixez la soupe finement à l'aide d'un blender ou d'un mixeur plongeant.

Incorporez la farine de blé noir sans cesser de remuer et versez peu à peu le lait. Mélangez bien et laissez mijoter 10 minutes, à feu doux en remuant régulièrement.

Rectifiez l'assaisonnement si nécessaire et délayez avec un peu plus de lait si vous trouvez le potage trop épais.

Taillez l'andouille restante en petits cubes.

Répartissez la soupe de blé noir dans les bols et parsemez de cubes d'andouille. Dégustez avec quelques galettes de blé noir poêlées au beurre.

Soupe de châtaignes aux noix

Préparation : 20 minutes • Cuisson : 40 minutes • Difficulté : ★ Budget : ★

Pour 4 à 5 personnes

- 1 oignon
- 1 blanc de poireau
- 2 champignons de Paris
- 25 g de cerneaux de noix
- 5 tranches de jambon de pays
- Beurre
- 250 g de châtaignes (cuites)
- 60 cl de bouillon de bœuf
- Noix de muscade en poudre
- 40 cl de lait
- Sel et poivre

- Pain de campagne

Épluchez et taillez l'oignon en petits dés. Lavez le blanc de poireau et émincez-le finement. Rincez les champignons de Paris sous l'eau froide, puis coupez-les en quatre.

Hachez grossièrement les noix. Coupez une tranche de jambon de pays en fines lamelles.

Dans une petite poêle, faites revenir l'oignon et le poireau avec une noix de beurre. Débarrassez dans un bol et réservez.

Dans une grande casserole avec une noix de beurre, faites revenir les châtaignes (réservez quelques châtaignes pour la décoration), les trois quarts des noix et les lamelles de jambon de pays. Faites rissoler la préparation 2 minutes, puis ajoutez les champignons.

Poursuivez la cuisson 2 à 3 minutes et incorporez le poireau et l'oignon. Mélangez le tout et couvrez de bouillon. Assaisonnez d'un peu de sel, de poivre et de muscade. Portez à petite ébullition et faites mijoter 20 minutes environ.

Mixez finement la soupe à l'aide d'un blender ou d'un mixeur plongeant et allongez-la avec le lait. Réchauffez sur feu moyen et rectifiez l'assaisonnement en sel, en poivre et en muscade si nécessaire et délayez avec un peu plus de lait ou de bouillon si vous trouvez le potage trop épais.

Répartissez la soupe de châtaignes aux noix dans les bols. Effilochez le jambon de pays et déposez-le sur la soupe. Parsemez d'éclats de châtaignes et de noix et dégustez avec des tranches de pain de campagne grillées.

Soupe d'épinards

Préparation : 15 minutes • Cuisson : 7 minutes • Difficulté : ★ Budget : ★

Pour 4 personnes

- 600 g d'épinards frais
- 10 g de beurre
- 20 cl de vin blanc
- 50 cl de bouillon
- 6 cuil. à soupe de crème fraîche épaisse
- 2 jaunes d'œufs
- Le jus de 1 citron
- Sel et poivre

Blanchissez les épinards dans une casserole d'eau bouillante pendant 1 minute.

Égouttez les épinards et faites-les revenir avec une noisette de beurre.

Rajoutez le vin blanc et le bouillon. Assaisonnez.

Mixez le tout en ajoutant la crème fraîche et 2 jaunes d'œufs citronnés. Servez bien chaud.

Soupe de carottes

Préparation : 15 minutes • Cuisson : 25 minutes • Difficulté : ★ Budget : ★

Pour 4 personnes

- 600 g de carottes
- 2 pommes de terre
- 1 oignon blanc
- 15 g de beurre
- 1 l de bouillon de volaille
- Le jus de 1 orange
- 2 cuil. à soupe de crème fraîche épaisse
- 2 cuil. à café de ciboulette
- Sel et poivre

Épluchez les carottes et les pommes de terre, lavez-les. Coupez séparément les carottes et les pommes de terre en rondelles. Pelez l'oignon et émincez-le.

Faites étuver les carottes et l'oignon avec le beurre à feu doux pendant 5 minutes. Mouillez les carottes avec le bouillon, puis ajoutez les rondelles de pomme de terre. Salez, poivrez et faites cuire pendant environ 20 minutes sur feu doux.

Mixez la soupe, ajoutez le jus d'orange et réchauffez si nécessaire. Ajoutez la crème fraîche. Servez dans des bols et ajoutez la ciboulette ciselée.

Soupe de chou-fleur

Préparation : 10 minutes • Cuisson : 25 minutes • Difficulté : ★ Budget : ★

Pour 2 personnes

- **100 g de chou-fleur**
- **1 cuil. à café d'huile d'olive**
- **25 cl de bouillon de volaille**
- **1 petit-suisse**
- **½ cuil. à café de noix de muscade en poudre**

Lavez soigneusement le chou-fleur et coupez-le en morceaux. Faites-les revenir dans une casserole, avec un peu d'huile d'olive, pendant 5 minutes.

Versez alors le bouillon de volaille et laissez cuire à couvert pendant 20 minutes.

Ajoutez ensuite le petit-suisse et la noix de muscade et mixez jusqu'à obtenir la consistance souhaitée.

Soupe de cresson et de patate douce

Préparation : 15 minutes • Cuisson : 7 minutes • Difficulté : ★ Budget : ★

Pour 4 personnes

- **2 bottes de cresson**
- **1 patate douce**
- **40 g de beurre**
- **8 cuil. à soupe de crème fraîche épaisse**
- **Sel et poivre**

Nettoyez le cresson. Réservez un quart de la botte. Épluchez la patate douce et coupez-la en petits dés.

Faites fondre le beurre dans une casserole. Mettez-y le cresson et laissez-le réduire. Ajoutez la patate douce coupée en dés et recouvrez d'eau. Salez, poivrez.

Une fois la patate douce cuite, passez la soupe au mixeur.

Servez avec de la crème fraîche et le reste de cresson haché. Servez chaud.

Soupe de concombre et chèvre frais

Préparation : 15 minutes • Repos : 30 minutes • Difficulté : ★ Budget : ★

Pour 4 verrines

- **1 concombre**
- **12 feuilles de menthe**
- **1 petit oignon rouge**
- **6 grains de coriandre**
- **2 graines de cardamome**
- **1 cuil. à soupe d'huile d'argan**
- **1 cuil. à soupe d'huile de pépins de raisin**
- **100 g de chèvre frais**
- **100 g de truite fumée**
- **1 cuil. à soupe de noisettes grillées et concassées**
- **Fleur de sel et 1 cuil. à café de poivre en grains**

Lavez et épluchez le concombre. Taillez-le en deux dans le sens de la longueur et épépinez-le à l'aide d'une petite cuillère. Coupez-le en morceaux.

Lavez et ciselez la menthe. Épluchez et taillez l'oignon.

Mettez dans le bol du mixeur le concombre, l'oignon, la menthe, la coriandre et la cardamome. Mixez finement puis incorporez les huiles et le chèvre frais (conservez un peu de chèvre pour la déco). Assaisonnez d'un peu de poivre et d'une pincée de sel si nécessaire.

Dressez la soupe de concombre dans les verrines puis filmez-les et déposez-les au réfrigérateur 30 minutes minimum.

Au moment de servir, parsemez vos verrines de miettes de chèvre frais puis ajoutez les lamelles de truite et saupoudrez de quelques noisettes concassées. Versez 2-3 gouttes d'huile d'argan et un peu de poivre du moulin. Dégustez bien frais.

Soupe de courgettes, poulet, curry et basilic

Préparation : 25 minutes • Cuisson : 40 minutes • Difficulté : ★ Budget : ★

Pour 4 personnes

- 1 kg de courgettes
- 1 oignon
- 50 g de basilic
- 40 g de beurre
- 1 cuil. à café de curry
- 50 cl de bouillon de volaille
- 15 cl de crème liquide
- 1 escalope de poulet
- Parmesan râpé
- Sel et poivre

Lavez les courgettes et coupez-les en morceaux. Épluchez et ciselez l'oignon. Lavez et ciselez les feuilles de basilic.

Dans une casserole remplie d'eau salée, faites cuire les courgettes pendant 15 minutes, puis égouttez-les.

Dans une casserole, faites revenir l'oignon ciselé avec 20 g de beurre et saupoudrez de curry. Ajoutez ensuite les courgettes, versez le bouillon de volaille et le basilic et faites cuire pendant 20 minutes.

Mixez le tout finement. Assaisonnez de sel et de poivre. Ajoutez la crème liquide.

Réchauffez la préparation sur feu doux en remuant.

Taillez l'escalope de poulet en fines lamelles et faites-les cuire à la poêle avec 20 g de beurre. Les lamelles doivent être dorées et croustillantes.

Servez la préparation dans des bols en répartissant les lamelles de poulet. Saupoudrez la soupe d'une pincée de curry et de parmesan râpé.

Conseil : vous pouvez ajouter un peu plus de curry et/ou de basilic selon votre goût.

Soupe de cresson

Préparation : 15 minutes • Cuisson : 45 minutes • Difficulté : ★ Budget : ★

Pour 6 personnes

- **2 bottes de cresson**
- **1 oignon**
- **Margarine**
- **4 pommes de terre**
- **1 cube de bouillon de légumes**
- **3 cuil. à soupe de crème fraîche épaisse**
- **Sel et poivre**

Lavez le cresson, retirez les grosses tiges.

Faites-le revenir avec l'oignon émincé dans une noix de margarine, puis ajoutez les pommes de terre coupées en dés et le cube de bouillon. Couvrez avec 1 l d'eau, salez, poivrez et laissez cuire 40 minutes.

Vérifiez la cuisson des pommes de terre à l'aide d'un couteau, puis mixez le tout. Ajoutez la crème et servez aussitôt.

Soupe de fèves à la crème

Préparation : 10 minutes • Cuisson : 15 minutes • Difficulté : ★ Budget : ★

Pour 4 personnes

- 1 gousse d'ail (hachée)
- 1 échalote (hachée)
- 3 cl d'huile d'olive
- 500 g de fèves (pelées)
- 3 cuil. à soupe de crème fraîche épaisse
- 15 g de beurre
- 2 cuil. à soupe de ciboulette ciselée
- Sel et poivre

Dans une casserole, faites revenir l'ail et l'échalote avec l'huile d'olive pendant 5 minutes.

Ajoutez les fèves et 60 cl d'eau, puis faites cuire pendant 10 minutes.

Mixez et ajoutez la crème et le beurre. Émulsionnez bien, salez, poivrez et ajoutez la ciboulette. Servez.

Soupe de légumes au fromage

Préparation : 10 minutes • Cuisson : 20 minutes • Difficulté : ★ Budget : ★

Pour 1 personne

- 1 pomme de terre
- 1 courgette
- 1 carotte
- 1 portion de fromage fondu

Épluchez et lavez les légumes. Coupez-les en petits morceaux et faites-les cuire dans une casserole d'eau bouillante pendant 20 minutes.

Mixez les légumes cuits et ajoutez le fromage. Mélangez jusqu'à obtenir une soupe bien lisse.

Soupe de lentilles au foie gras

Préparation : 30 minutes • Cuisson : 30 minutes • Difficulté : ★ Budget : ★★

Pour 4 personnes

- 500 g de lentilles
- 1 cube de bouillon de volaille
- 100 g d'oignons
- 2 gousses d'ail
- 1 clou de girofle
- 1 poireau, 1 carotte
- 1 bouquet de coriandre
- 20 cl de lait
- 4 tranches de foie gras mi-cuit
- Sel et poivre

Plongez les lentilles dans un grand volume d'eau froide salée. Ajoutez le cube de bouillon, les oignons, l'ail, le clou de girofle, le poireau et la carotte épluchés et coupés en tronçons.

Portez à ébullition, puis faites mijoter 30 minutes. En fin de cuisson, ajoutez la coriandre hachée.

Mixez les lentilles égouttées avec un peu de lait et de bouillon de cuisson jusqu'à obtenir la consistance souhaitée. Servez dans des assiettes creuses et parsemez de dés de foie gras. Salez et poivrez.

Soupe de navets et cerfeuil

Préparation : 15 minutes • Cuisson : 30 minutes • Difficulté : ★ Budget : ★

Pour 4 personnes

- 1 botte de navets
- 30 g de beurre
- 1 l de bouillon de volaille
- 1 botte de cerfeuil
- Sel et poivre

Épluchez les navets et coupez-les en dés.

Faites revenir les navets dans du beurre. Lorsqu'ils sont légèrement dorés, couvrez-les de bouillon. Salez, poivrez. Laissez cuire jusqu'à ce que les navets soient tendres.

Passez la préparation au blender. Remettez sur le feu pour 20 minutes en ajoutant le cerfeuil lavé et ciselé. Servez chaud.

Soupe de légumes

Préparation : 20 minutes • Cuisson : 10 minutes • Difficulté : ★ Budget : ★

Pour 6 personnes

- **4 carottes**
- **6 pommes de terre**
- **2 poireaux**
- **2 branches de céleri**
- **Sel et poivre**

Épluchez, lavez et coupez les légumes en morceaux de taille équivalente.

Placez-les dans une cocotte-minute et mouillez à niveau.

Fermez la cocotte et faites cuire 10 minutes à partir du sifflement.

Hors du feu, laissez la pression tomber, puis ouvrez la cocotte. Mixez, salez et poivrez. Servez.

Soupe de poisson de Dunkerque

Préparation : 30 minutes • Cuisson : 45 minutes • Difficulté : ★★ Budget : ★

Pour 6 personnes

- 1 kg de poissons à chair blanche
- 1 carotte
- 2 pommes de terre
- 1 oignon
- 4 gousses d'ail
- 2 cuil. à soupe d'huile d'olive
- 25 cl de vin blanc
- Persil
- 1 cuil. à soupe de fond de poisson
- 2 cuil. à soupe de concentré de tomates
- Croûton à l'ail
- Fromage râpé
- Sel et poivre

Retirez les arêtes des poissons et coupez-les en morceaux. Épluchez et coupez les légumes en morceaux.

Faites blondir l'oignon émincé et l'ail dans l'huile d olive. Ajoutez les légumes, le vin blanc et laissez cuire 10 minutes. Ajoutez du persil haché, le fond de poisson, le concentré de tomates, puis mélangez les poissons coupés en morceaux.

Versez 2 l d'eau et laissez cuire 30 minutes.

Mixez la soupe, rectifiez l'assaisonnement et servez-la bien chaude avec des croûtons aillés et du fromage râpé.

Soupe de poulet

Préparation : 20 minutes • Cuisson : 40 minutes • Difficulté : ★ Budget : ★★

Pour 4 personnes

- **1 poivron rouge**
- **1 oignon**
- **2 escalopes de poulet (fines)**
- **2 cuil. à soupe d'huile d'olive**
- **1 gousse d'ail**
- **Le jus de 1 citron vert**
- **2 cuil. à soupe de sauce soja**
- **1 cuil. à soupe de coriandre**
- **20 cl de lait de coco**
- **20 g de pois gourmands**
- **Feuille de coriandre**
- **Sel et poivre**

Épépinez le poivron et coupez-le en lanières. Émincez l'oignon et coupez le poulet en lanières.

Faites chauffer l'huile dans une sauteuse et mettez la viande à dorer. Retirez-la et mettez l'oignon à suer pendant 5 minutes sans le faire colorer, ajoutez les lanières de poivron et continuez la cuisson 10 minutes.

Replacez la viande dans la sauteuse avec l'ail haché, le jus de citron, la sauce soja et la coriandre hachée. Salez légèrement, poivrez et versez le lait de coco puis ajoutez 40 cl d'eau. Laissez cuire après ébullition pendant 10 minutes.

Ajoutez les pois gourmands, poursuivez la cuisson 5 minutes. Ajustez l'assaisonnement puis répartissez la soupe dans les cocottes, décorez de feuilles de coriandre et servez.

Soupe de poireaux au roquefort

Préparation : 20 minutes • Cuisson : 35 minutes • Difficulté : ★ Budget : ★

Pour 4 personnes

- **800 g de poireaux**
- **20 g de beurre**
- **4 pommes de terre**
- **200 g de roquefort**
- **20 cl de crème fleurette**
- **Sel et poivre**

Nettoyez les poireaux en laissant 4 cm de vert. Réunissez le reste de vert en bouquet.

Coupez le blanc en rondelles, faites-les fondre 10 minutes avec le beurre en remuant souvent. Versez 1 l d'eau. Salez, poivrez.

Portez à ébullition, ajoutez les pommes de terre pelées et coupées en quartiers et le bouquet vert. Laissez cuire 20 minutes.

Enlevez le bouquet. Mixez la soupe. Délayez le roquefort avec la crème. Incorporez-le à la soupe, faites réchauffer sans faire bouillir. Servez chaud.

Soupe de poisson

Préparation : 10 minutes • Cuisson : 20 minutes • Difficulté : ★ Budget : ★

Pour 2 personnes

- **1 poireau**
- **1 laitue**
- **1 branche de persil**
- **40 g de filet de colin**
- **2 cuil. à café de crème fraîche épaisse**

Épluchez et lavez le poireau, réservez uniquement le blanc. Coupez-le en petits tronçons.

Lavez la laitue ainsi que le persil. Hachez-les.

Faites cuire le poireau, la laitue et le persil dans une casserole d'eau bouillante pendant 15 minutes. Ajoutez le colin et laissez cuire 5 minutes de plus.

Mixez puis ajoutez la crème fraîche et mélangez bien.

Soupe de potiron

Préparation : 10 minutes • Cuisson : 20 minutes • Difficulté : ★ Budget : ★

Pour 2 personnes

- 200 g de potiron
- 2 œufs
- Lait
- Sel et poivre

Épluchez le potiron, ôtez les graines et coupez-le en dés. Faites-les cuire pendant 15 minutes à l'eau bouillante.

Pendant ce temps, faites cuire les œufs pendant 10 minutes dans une casserole d'eau. Écalez-les et prélevez uniquement les jaunes.

Égouttez le potiron, mixez-le en y ajoutant le lait et les jaunes d'œufs écrasés. Salez et poivrez.

Remettez la purée à chauffer pendant 5 minutes, sur feu très doux.

Soupe fraîche de roquette au chèvre

Préparation : 20 minutes • Cuisson : 20 minutes • Difficulté : ★ Budget : ★

Pour 6 verrines

- 2 courgettes
- 250 g de roquette
- 4 cuil. à soupe d'huile d'olive
- 1 cuil. à café de sucre
- 250 g de chèvre frais
- 2 cuil. à soupe de crème fraîche épaisse
- Sel et poivre

Faites chauffer 1,5 l d'eau salée dans une grande casserole. Lavez les courgettes, éliminez les extrémités, épluchez-les en laissant un peu de vert et coupez-les en rondelles. Lavez la roquette et égouttez-la. Plongez les rondelles de courgette dans l'eau bouillante 10 minutes. Ajoutez alors les deux tiers de la roquette et poursuivez la cuisson 10 minutes. Mixez cette soupe à l'aide d'un blender ou d'un mixeur plongeant. Ajoutez 2 cuil. à soupe d'huile d'olive, le sucre, poivrez et laissez refroidir.

Émiettez le fromage de chèvre. Ajoutez la crème et mélangez. Formez 6 quenelles à l'aide de deux cuillères à soupe. Répartissez la soupe dans des petites verrines, déposez quelques feuilles de roquette et une quenelle de chèvre. Arrosez d'un filet d'huile d'olive.

Soupe de poulet à la bière

Préparation : 20 minutes • Cuisson : 45 minutes • Difficulté : ★ Budget : ★

Pour 6 personnes

- 2 carottes
- 1 courgette (petite)
- 120 g de brocoli
- 3 escalopes de poulet
- 1 oignon
- 2 cuil. à soupe d'huile d'olive
- 2 cuil. à soupe de farine
- 1 cuil. à soupe de persil
- 2 gousses d'ail
- 50 cl de bière
- 1 l de bouillon de volaille
- 15 cl de crème liquide
- Sel et poivre

Lavez les carottes, la courgette et le brocoli. Coupez les carottes et la courgette en julienne. Séparez le brocoli en tout petits bouquets.

Coupez le poulet en petits dés et faites-le revenir ainsi que l'oignon émincé, dans un faitout avec d'huile d'olive.

Ajoutez la farine, mélangez bien. Ajoutez les légumes, le persil, l'ail haché, salez, poivrez, arrosez de bière et de bouillon de volaille. Laissez cuire 30 minutes à petits bouillons.

Ajoutez la crème, rectifiez l'assaisonnement, laissez réchauffer 5 minutes puis versez dans les petites cocottes avant de servir.

Soupe fraîche de betterave et de pomme

Préparation : 30 minutes • Repos : 2 heures • Cuisson : 5 minutes • Difficulté : ★ Budget : ★

Pour 4 verrines

- **2 pommes**
- **1 cube de bouillon de légumes**
- **1 betterave cuite**
- **1 cuil. à café d'huile de sésame**
- **2 cuil. à café de vinaigre balsamique blanc**
- **Chips de pomme**
- **Sel**

Épluchez et râpez les pommes.

Portez 25 cl d'eau à ébullition avec le cube de bouillon.

Coupez la betterave en dés, placez-la dans le bol d'un mixeur, ajoutez les pommes râpées, le bouillon et mixez le tout à l'aide d'un mixeur plongeant.

Ajoutez l'huile de sésame, le vinaigre et ajustez l'assaisonnement. Laissez reposer 2 heures minimum au frais.

Au moment de servir, versez la soupe fraîche dans les verrines, ainsi que quelques gouttes d'huile de sésame et décorez d'une chips de pomme.

Soupe fraîche de concombre

Préparation : 20 minutes • Repos : 2 heures• Difficulté : ★ Budget : ★★

Pour 6 verrines

- **300 g de concombre**
- **8 yaourts grecs**
- **2 gousses d'ail**
- **1 cuil. à soupe de sauce soja**
- **Ciboulette**
- **30 gambas (décortiquées)**
- **1 cuil. à soupe de paprika**
- **Sel et poivre**

Épluchez et mixez le concombre avec les yaourts et l'ail. Ajoutez la sauce soja et 1 cuil. à soupe de ciboulette ciselée. Salez, poivrez et réservez au frais 2 heures.

Versez la soupe de concombre dans les verrines, déposez des gambas décortiquées dessus, saupoudrez d'un peu de paprika et décorez de brins de ciboulette.

Servez très frais.

Soupe froide de radis roses

Préparation : 10 minutes • Repos : 1 heure • Difficulté : ★ Budget : ★

Pour 4 personnes

- 2 bottes de radis
- 2 yaourts brassés
- 2 cuil. à soupe de fromage frais à l'ail et aux fines herbes
- 2 cuil. à soupe d'huile d'olive
- 6 brins de ciboulette
- Sel et poivre

Nettoyez les radis, coupez-les en rondelles.

Mixez-les puis ajoutez les yaourts, le fromage puis du sel, du poivre et l'huile d'olive.

Mixez encore 30 secondes. Laissez au frais au moins 1 heure.

Dressez dans des assiettes creuses ou dans des verrines et parsemez de ciboulette ciselée.

Soupe glacée de petits pois à la menthe

Préparation : 15 minutes • Cuisson : 3 minutes • Difficulté : ★ Budget : ★

Pour 4 personnes

- 1 kg de petits pois frais
- 50 cl de bouillon de volaille
- 10 feuilles de menthe
- 2 cuil. à soupe d'huile d'olive
- 5 cl de crème fleurette
- Sel et poivre

Plongez les petits pois 3 minutes dans l'eau bouillante salée. Plongez-les ensuite dans l'eau glacée. Égouttez.

Mixez avec le bouillon de volaille et les feuilles de menthe. Ajoutez 2 cuil. à soupe d'huile d'olive, du sel, du poivre ainsi que la crème fleurette. Mixez de nouveau et passez au tamis.

Mettez au frais et servez dans de petits verres pour l'apéritif.

Soupe pomme de terre et cresson

Préparation : 10 minutes • Cuisson : 30 minutes • Difficulté : ★ Budget : ★

Pour 2 personnes

- 2 pommes de terre
- Cresson
- Lait
- Noix de muscade
- Sel et poivre

Épluchez, lavez et coupez les pommes de terre en morceaux. Faites-les cuire pendant 20 minutes à l'eau bouillante.

Pendant ce temps, lavez soigneusement la poignée de cresson après l'avoir laissé tremper 5 minutes dans de l'eau vinaigrée. Ajoutez-le dans la casserole pour 10 minutes.

Égouttez les légumes et mixez-les avec le lait. Assaisonnez de noix de muscade, sel et poivre.

Soupe pomme de terre et carotte

Préparation : 10 minutes • Cuisson : 30 minutes • Difficulté : ★ Budget : ★

Pour 2 personnes

- 2 carottes
- 2 pommes de terre
- Lait
- Noix de muscade
- Sel et poivre

Épluchez, lavez et coupez les carottes et les pommes de terre en gros morceaux.

Faites-les cuire pendant 30 minutes dans de l'eau bouillante.

Égouttez les légumes et mixez-les avec le lait. Assaisonnez de noix de muscade, sel et poivre.

Soupe froide d'avocats aux pistaches

Préparation : 20 minutes • Difficulté : ★★ Budget : ★★

Pour 4 personnes

- 1 concombre
- 1 oignon
- 1 gousse d'ail
- 25 g de coriandre
- 1 citron vert
- 2 avocats
- 100 g de pistaches
- 250 g de chair de crabe
- Huile d'olive
- 5 cl de crème liquide
- Tabasco
- Piment d'Espelette en poudre
- Tacos
- Sel

Lavez, épluchez et coupez le concombre en deux dans le sens de la longueur. Épépinez-le et coupez-le en rondelles.

Épluchez et ciselez l'oignon. Pelez l'ail, coupez-le en deux et retirez le germe. Lavez et épluchez la coriandre. Pressez le citron vert.

Coupez les avocats en deux, enlevez les noyaux et récupérez la chair. Citronnez-la afin qu'elle ne noircisse pas.

Réservez les coques d'avocat si vous souhaitez présenter votre soupe à l'intérieur.

À l'aide d'un mixeur ou d'un blender, mixez finement la chair d'avocat, le concombre, l'oignon, l'ail, les pistaches, la coriandre, la chair de crabe avec le jus du citron vert, un filet d'huile d'olive et la crème liquide.

Ajoutez, petit à petit, 20 cl d'eau minérale glacée jusqu'à obtention d'une crème mousseuse. La consistance de cette soupe doit être légèrement épaisse. Assaisonnez de sel et de quelques gouttes de Tabasco selon votre goût.

Versez la soupe dans les coques d'avocats, parsemez du reste de chair de crabe et d'une pincée de piment d'Espelette. Accompagnez de tacos. Dégustez.

Soupe poireaux et pommes de terre de maman

Préparation : 30 minutes • Cuisson : 35 minutes • Difficulté : ★ Budget : ★

Pour 4 personnes

- **800 g de poireaux**
- **400 g de pommes de terre**
- **2 oignons**
- **20 g de margarine**
- **2 cubes de bouillon**
- **3 branches de thym**
- **4 saucisses fumées (polonaises : metkas)**
- **Sel et poivre**

Coupez les poireaux en rondelles et lavez-les. Épluchez les pommes de terre, lavez-les et coupez-les en quatre.

Faites revenir les oignons émincés dans une cocotte avec la margarine. Lorsqu'ils sont translucides, ajoutez les poireaux et les pommes de terre. Couvrez d'eau, ajoutez les cubes de bouillon, le thym, salez légèrement, couvrez et laissez cuire 15 minutes. Ajoutez les saucisses fumées et poursuivez la cuisson 15 minutes. Poivrez.

Coupez les saucisses en rondelles, répartissez la soupe dans les cocottes ainsi que les saucisses et servez.

Conseil : cette soupe, préparée avec des saucisses fumées polonaises, les metkas, se mange non mixée. Délicieuse et riche, elle est idéale pour les soirées d'hiver.

Soupe tiède de radis

Préparation : 20 minutes • Cuisson : 15 minutes • Difficulté : ★ Budget : ★

Pour 4 personnes

- **400 g de radis**
- **20 g de coriandre**
- **80 cl de lait**
- **200 g de crème fraîche épaisse**
- **40 g de chèvre frais**
- **Graines de pavot**
- **Sel et poivre**

Coupez les racines et les fanes des radis. Lavez les radis et coupez-les en petits morceaux. Conservez-en 4 pour la décoration. Lavez et ciselez les feuilles de coriandre.

Dans une casserole, versez le lait et les radis. Faites cuire pendant 15 minutes à feu moyen.

Mixez le tout finement. Ajoutez la crème fraîche et la coriandre ciselée ainsi que le chèvre émietté. Assaisonnez de sel et de poivre.

Répartissez la préparation dans des verres, décorez de rondelles de radis et de quelques graines de pavot. Dégustez tiède.

Conseil : vous pouvez également préparer la soupe en ajoutant quelques fanes de radis avec le lait.

Velouté à la salade

Préparation : 10 minutes • Cuisson : 45 minutes • Difficulté : ★ Budget : ★

Pour 4 personnes

- **1 salade verte (grosse)**
- **10 g de beurre**
- **2 cuil. à soupe de farine**
- **1 cube de bouillon de volaille**
- **2 pommes de terre**
- **Crème fraîche**
- **Poivre**

Lavez la salade et faites-la revenir sur feu doux dans une grande casserole avec le beurre jusqu'à ce qu'elle perde du volume.

Ajoutez la farine, laissez chauffer 3 minutes puis versez 1,2 l d'eau. Ajoutez le cube de bouillon et les pommes de terre épluchées et coupées en dés.

Laissez mijoter pendant 40 minutes.

Mixez, poivrez et servez avec de la crème fraîche.

Velouté d'endives

Préparation : 10 minutes • Cuisson : 1 heure• Difficulté : ★ Budget : ★

Pour 2 personnes

- **3 endives**
- **4 pommes de terre**
- **2 petits-suisses**

Épluchez les endives en ôtant le cœur (trop amer). Lavez les morceaux et coupez-les en tronçons.

Épluchez et lavez les pommes de terre, coupez-les en dés.

Faites cuire les morceaux de légumes pendant 1 heure, à feu doux, dans une casserole d'eau.

Égouttez, mixez avec les petits-suisses et délayez avec le jus de cuisson si besoin est.

Velouté de carottes et polenta

Préparation : 10 minutes • Cuisson : 25 minutes • Difficulté : ★ Budget : ★

Pour 2 personnes

- **4 carottes**
- **30 cl de lait**
- **100 g de polenta**
- **Sel et poivre**

Épluchez les carottes, coupez-les en rondelles et faites-les cuire dans une casserole d'eau bouillante pendant 25 minutes.

Pendant ce temps, faites chauffer le lait dans une autre casserole et versez-y la polenta. Laissez cuire 5 minutes à feu doux en remuant sans cesse.

Mixez les carottes avec leur eau de cuisson et ajoutez la polenta. Mélangez bien.

Velouté de chou-fleur

Préparation : 15 minutes • Cuisson : 20 minutes • Difficulté : ★ Budget : ★

Pour 6 personnes

- **2 pommes de terre**
- **500 g de chou-fleur**
- **1 cube de bouillon de volaille**
- **35 cl de lait de riz**
- **2 oignons**
- **1 cuil. à soupe d'huile de tournesol**
- **Sel et poivre**

Épluchez les pommes de terre et coupez-les en gros dés. Placez-les dans une cocotte avec le chou-fleur découpé en fleurettes, environ 45 cl d'eau et le cube de bouillon. Faites bouillir puis laissez cuire sur feu doux à couvert pendant 13 minutes.

Ajoutez le lait et mixez. Salez et poivrez.

Pelez et émincez les oignons et faites-les cuire dans l'huile.

Placez les oignons au fond des bols et servez la soupe.

Soupe verte

Préparation : 20 minutes • Cuisson : 15 minutes • Difficulté : ★ Budget : ★

Pour 4 personnes

- 1 laitue
- 1 botte d'oseille
- 1 botte de bettes
- 75 cl de bouillon de volaille
- 150 g de crème fraîche épaisse
- 20 g de beurre
- Crevettes cuites
- Sel et poivre

Pour les tempuras de bettes

- 1 œuf
- 1 bière japonaise
- 100 g de farine
- 2 feuilles de bettes
- Huile pour friture

Lavez la laitue, l'oseille et les bettes.

Réservez deux feuilles de bettes pour les tempuras. Hachez grossièrement la laitue, l'oseille et les bettes restantes.

Dans une grande casserole remplie de bouillon de volaille chaud, faites cuire les légumes pendant 15 minutes.

Mixez le tout. Ajoutez la crème fraîche et le beurre. Assaisonnez.

Vous pouvez passer le mélange au tamis si vous souhaitez obtenir une soupe très fine.

Préparation des tempuras : à l'aide d'un fouet, mélangez l'œuf avec la bière puis versez la farine. Mélangez bien afin qu'il n'y ait pas de grumeaux.

Coupez les deux feuilles de bettes en gros morceaux et roulez-les. Plongez-les dans la pâte pour les tempuras et faites-les frire dans un bain d'huile chaude. Quand elles sont bien dorées, retirez-les et disposez-les sur un papier absorbant. Assaisonnez-les de sel.

Versez la soupe dans des bols et accompagnez-la des tempuras de bettes et de quelques crevettes.

Velouté au maroilles

Préparation : 20 minutes • Cuisson : 40 minutes • Difficulté : ★ Budget : ★

Pour 6 personnes

- **1 oignon**
- **10 g de beurre**
- **300 g de pommes de terre**
- **2 blancs de poireau**
- **2 cubes de bouillon**
- **350 g de maroilles**
- **15 cl de crème liquide entière**
- **100 g de croûtons**
- **Poivre**

Faites revenir l'oignon émincé dans le beurre le temps qu'il devienne translucide mais sans le colorer.

Ajoutez les pommes de terre coupées en petits morceaux et les blancs de poireau coupés en rondelles. Versez 1,5 litre d'eau, ajoutez les cubes de bouillon et laissez cuire 30 minutes. Contrôlez la cuisson des pommes de terre avec la pointe d'un couteau puis mixez le tout.

Retirez la croûte du fromage, coupez-le en morceaux et ajoutez-le au velouté. Mettez sur feu doux et mélangez jusqu'à ce qu'il soit totalement fondu.

Ajoutez la crème, réchauffez à feu doux 5 minutes. Poivrez.

Servez dans de petites cocottes, accompagné de croûtons.

Velouté aux cèpes

Préparation : 15 minutes • Cuisson : 25 minutes • Difficulté : ★ Budget : ★

Pour 6 verrines

- **400 g de cèpes**
- **20 g de beurre**
- **1 échalote**
- **20 g de feuilles de coriandre**
- **50 g de crème fraîche épaisse**
- **Sel et poivre**

Rincez les cèpes sous l'eau.

Dans une casserole beurrée, faites suer l'échalote émincée. Ajoutez les cèpes et la coriandre. Salez et poivrez.

Laissez cuire à feu moyen pendant 10 minutes. Ajoutez la crème fraîche, portez à ébullition pendant 2 minutes.

Laissez frémir encore 5 minutes à feu doux. Retirez et mixez le tout.

Servez chaud.

Velouté de courgettes au comté

Préparation : 10 minutes • Cuisson : 20 minutes • Difficulté : ★ Budget : ★

Pour 4 personnes

- **4 pommes de terre**
- **4 courgettes**
- **100 g de comté**

Épluchez les pommes de terre et les courgettes, lavez-les et coupez-les en morceaux.

Faites-les cuire pendant 20 minutes dans une casserole d'eau bouillante.

Mixez-les soigneusement avec l'eau de cuisson et ajoutez le comté. Mélangez bien avant de servir.

Velouté de panais

Préparation : 10 minutes • Cuisson : 30 minutes • Difficulté : ★ Budget : ★

Pour 4 personnes

- **2 panais**
- **3 pommes de terre**
- **1 courgette**
- **1 oignon**
- **2 cuil. à soupe d'huile d'olive**
- **15 cl de crème fraîche épaisse**
- **Sel et poivre**

Épluchez le panais et coupez-le en morceaux. Pelez les pommes de terre, la courgette et l'oignon. Découpez-les en morceaux.

Faites rissoler dans une casserole tous les légumes avec l'huile d'olive. Puis recouvrez-les d'eau. Laissez cuire à feu moyen, pendant 30 minutes.

Mixez afin d'obtenir un velouté. Salez, poivrez et ajoutez la crème fraîche. Servez chaud.

Velouté de petits pois au mascarpone

Préparation : 15 minutes • Cuisson : 20 minutes • Difficulté : ★ Budget : ★

Pour 4 personnes

- **500 g de petits pois**
- **2 échalotes**
- **1 cuil. à soupe d'huile d'olive**
- **1 cube de bouillon de volaille**
- **120 g de mascarpone**
- **Sel et poivre**

Faites cuire les petits pois à la vapeur pendant 15 minutes.

Faites revenir les échalotes hachées avec l'huile.

Dans une casserole, faites chauffer 50 cl d'eau, ajoutez le cube de bouillon.

Mélangez le bouillon avec les échalotes et les petits pois. Mixez et ajoutez le mascarpone, mixez de nouveau. Salez et poivrez. Servez.

Velouté de pleurotes

Préparation : 10 minutes • Cuisson : 25 minutes • Difficulté : ★ Budget : ★

Pour 6 personnes

- **400 g de pleurotes**
- **200 g de champignons de Paris**
- **25 g de beurre**
- **½ bouquet de persil**
- **3 échalotes**
- **3 cuil. à soupe de farine**
- **30 cl de lait**
- **4 cuil. à soupe de crème fraîche**
- **50 cl de bouillon de légumes**
- **Le jus de 1 citron**
- **Sel et poivre**

Lavez les champignons et coupez-les en très petits morceaux. Faites-les revenir dans du beurre avec le persil ciselé et les échalotes émincées pendant 15 minutes environ, salez et poivrez. Ajoutez la farine et laissez mijoter pendant une minute supplémentaire.

En mélangeant activement, incorporez le lait, la crème puis le bouillon. Faites cuire à feu doux pendant 15 minutes environ en remuant régulièrement.

Juste avant de servir, ajoutez le jus d'un citron et la crème fraîche épaisse.

Velouté de carottes à l'orange

Préparation : 10 minutes • Cuisson : 35 minutes • Difficulté : ★ Budget : ★

Pour 4 personnes

- **12 carottes**
- **1 oignon**
- **1 cuil. à soupe d'huile de tournesol**
- **2 cubes de bouillon de volaille**
- **1 orange**
- **2 cuil. à soupe de crème fraîche épaisse**
- **Sel et poivre**

Épluchez les carottes et taillez-les en petits dés. Pelez et émincez l'oignon.

Faites chauffer l'huile dans une cocotte et faites-y revenir les carottes et les oignons. Ajoutez 1,2 l d'eau et les cubes de bouillon.

Récupérez le zeste de l'orange et pressez-la. Ajoutez jus et zeste dans la cocotte.

Faites cuire environ 30 minutes.

Mixez, ajoutez la crème et mélangez. Salez et poivrez. Faites chauffer à feu doux pendant encore 5 minutes. Servez.

Velouté d'aubergines aux amandes

Préparation : 15 minutes • Cuisson : 20 minutes • Difficulté : ★ Budget : ★

Pour 4 personnes

- **4 aubergines**
- **100 g d'amandes mondées**
- **50 cl de bouillon de volaille**
- **30 cl de lait**
- **4 cuil. à soupe de crème fraîche épaisse**
- **10 g de beurre**
- **Sel et poivre**

Lavez les aubergines et épluchez-les en laissant la peau une fois sur deux. Coupez-les en morceaux.

Dans une casserole remplie d'eau bouillante salée, faites cuire les aubergines et les amandes 20 minutes.

Égouttez et mixez le tout finement, avec le bouillon de volaille chaud et le lait.

Ajoutez ensuite la crème fraîche et le beurre. Assaisonnez de sel et de poivre. Si le mélange est trop épais à votre goût, rallongez-le avec du bouillon de volaille.

Répartissez le velouté dans des bols. Dégustez.

Conseil : vous pouvez accompagner ce velouté de blinis avec du tarama et un filet de citron ou bien encore d'un peu de parmesan râpé, d'amandes concassées et d'un filet d'huile d'olive.

Velouté de carottes et lentilles corail

Préparation : 10 minutes • Cuisson : 40 minutes • Difficulté : ★ Budget : ★

Pour 4 personnes

- **½ oignon**
- **1 carotte**
- **1 cuil. à soupe d'huile d'olive**
- **125 g de lentilles corail**
- **40 cl de bouillon de légumes**

Pelez et émincez l'oignon. Pelez la carotte et coupez-la en petits dés.

Faites chauffer l'huile d'olive dans une casserole. Ajoutez l'oignon et les carottes et faites-les revenir doucement une dizaine de minutes.

Rincez les lentilles et ajoutez-les dans la casserole avec les légumes.

Mouillez avec le bouillon de légumes et faites cuire une trentaine de minutes sur feu doux.

Au terme de la cuisson, passez éventuellement les lentilles au mixeur pour obtenir la consistance désirée.

Conseil : pour la découverte d'une nouvelle saveur, n'hésitez pas à ajouter une petite pincée de curry lors de la cuisson.

Velouté de potiron au gorgonzola

Préparation : 15 minutes • Cuisson : 35 minutes • Difficulté : ★ Budget : ★★

Pour 6 personnes

- **1 tranche de potiron (grosse)**
- **1 oignon**
- **½ gousse d'ail**
- **1 blanc de poireau**
- **75 cl de bouillon de volaille**
- **200 g de gorgonzola**
- **Sel et poivre**

Épluchez le potiron et coupez-le en morceaux.

Émincez l'oignon, l'ail et le poireau et faites-les revenir dans une casserole.

Ajoutez le potiron et recouvrez avec le bouillon de volaille. Faites cuire environ 30 minutes jusqu'à ce que le potiron soit tendre.

Mixez afin d'obtenir un velouté et assaisonnez de sel et de poivre.

Dressez dans une assiette à soupe ou un bol et déposez sur le dessus des morceaux de gorgonzola. Servez chaud.

Velouté de poulet à la tomate

Préparation : 10 minutes • Cuisson : 10 minutes • Difficulté : ★ Budget : ★

Pour 2 personnes

- **4 tomates**
- **60 g de blanc de poulet**
- **Persil**
- **40 cl de lait**
- **Sel et poivre**

Lavez les tomates, pelez-les et coupez-les en morceaux. Ôtez les pépins.

Faites cuire les morceaux de tomates avec le blanc de poulet et le persil 10 minutes à la vapeur.

Mixez avec le lait tiédi, salez et poivrez.

Velouté frais d'artichauts

Préparation : 25 minutes • Cuisson : 25 minutes • Difficulté : ★ Budget : ★

Pour 4 personnes

- **50 cl de bouillon de volaille**
- **600 g de fonds d'artichaut**
- **100 g d'oignons**
- **Huile d'olive**
- **1 gousse d'ail**
- **Citronnelle, curcuma**
- **1 orange non traitée**
- **Thym, laurier**
- **20 cl de lait**
- **Sel et poivre**

Faites infuser la citronnelle fraîche dans le bouillon de volaille.

Blanchissez les fonds d'artichauts dans de l'eau bouillante puis coupez-les en dés. Faites revenir les oignons préalablement hachés dans l'huile d'olive avec l'ail et une pincée de curcuma. Pelez l'orange et ajoutez ses quartiers ainsi que son zeste puis les dés d'artichauts.

Versez le bouillon et ajoutez le thym et le laurier et laissez mijoter à demi-couvert pendant 15 minutes. Retirez les herbes et versez le lait. Salez et poivrez. Mixez le tout finement. Réservez au frais.

Velouté printanier

Préparation : 10 minutes • Cuisson : 30 minutes • Difficulté : ★ Budget : ★

Pour 2 personnes

- **100 g de petits pois**
- **2 carottes**
- **100 g de haricots verts**
- **Lait**
- **Noix de muscade**
- **Sel et poivre**

Rincez et égouttez les petits pois. Épluchez, lavez et coupez les carottes en rondelles. Lavez les haricots, effilez-les et coupez-les en petits morceaux.

Faites cuire les légumes 30 minutes à l'eau bouillante.

Égouttez et mixez avec du lait, assaisonnez.

Velouté de châtaignes et chantilly au foie gras

Préparation : 25 minutes • Cuisson : 20 minutes • Difficulté : ★★ Budget : ★★★

Pour 4 personnes

- 1 oignon
- 20 g de beurre
- 450 g de châtaignes en bocal
- 1,2 l de bouillon de bœuf
- Thym
- Noix de muscade
- 20 cl de lait
- 32,5 cl de crème liquide
- 150 g de foie gras
- Pain de campagne
- Sel et poivre

Dans une grande casserole, faites revenir l'oignon ciselé avec 10 g de beurre. Ajoutez 250 g de châtaignes et le bouillon de bœuf.

Ajoutez le thym et la muscade. Faites cuire 15 minutes à petits bouillons.

Mixez les châtaignes avec le bouillon et ajoutez le lait, 20 cl de crème et le beurre restant. Assaisonnez de sel, de poivre et de muscade. Délayez avec un peu de lait si vous trouvez le potage trop épais.

Préparez la chantilly au foie gras : faites chauffer 5 cl de crème et ajoutez 25 g de foie gras coupé en petits dés pour le faire fondre. Passez au tamis. Ajoutez le restant de crème bien froide. Mélangez et réservez au frais dans un siphon.

Dès que la crème est bien refroidie, préparez la chantilly comme indiqué avec le siphon ou montez-la au fouet sur un lit de glace.

Découpez le foie gras restant en fines tranches.

Versez la soupe dans des bols. Ajoutez-y la chantilly au foie gras et parsemez d'éclats de châtaigne et de muscade râpée.

Servez chaud avec des lamelles de foie gras et du pain de campagne grillé. Dégustez.

Conseil : vous pouvez servir ce velouté de châtaignes accompagné d'un magret de canard coupé en fines lamelles. Pour un goût moins corsé, remplacez le bouillon de bœuf par du bouillon de volaille.

Velouté de cresson, haricots verts et menthe

Préparation : 25 minutes • Cuisson : 25 minutes • Difficulté : ★ Budget : ★

Pour 4 personnes

- **1 botte de cresson**
- **12 feuilles de menthe**
- **200 g de haricots verts**
- **1 oignon**
- **60 cl de bouillon de volaille**
- **20 cl de crème liquide**
- **20 g de beurre**
- **Huile d'olive**
- **Gros sel et poivre**

Lavez le cresson et la menthe. Équeutez et lavez les haricots verts.

Faites cuire les haricots verts dans un grand volume d'eau salée. Portez à ébullition et laissez cuire pendant 15 minutes. Égouttez et rafraîchissez-les à l'eau glacée, cela permet de fixer la couleur du légume.

Plongez le cresson et les feuilles de menthe dans une eau bouillante salée, pendant 5 minutes, puis égouttez et rafraîchissez à l'eau glacée.

Faites revenir l'oignon finement ciselé dans une casserole. Quand il est doré, ajoutez le cresson et les haricots verts, puis le bouillon de volaille. Portez à ébullition et laissez mijoter 5 minutes en remuant de temps en temps.

Mixez le tout finement. Ajoutez la crème liquide et le beurre. Assaisonnez de sel et de poivre.

Versez dans des bols et accompagnez d'un filet d'huile d'olive. Dégustez.

Conseil : rallongez le potage avec du lait et/ou du bouillon si vous le trouvez trop épais.

Velouté de champignons au blé noir

Préparation : 20 minutes • Cuisson : 25 minutes • Difficulté : ★ Budget : ★

Pour 4 personnes

- **1 échalote**
- **300 g de champignons de Paris**
- **Huile d'olive**
- **30 g de beurre**
- **30 g de farine de blé noir**
- **50 cl de lait entier**
- **Noix de muscade en poudre**
- **Sel, fleur de sel et poivre**

Épluchez et émincez l'échalote.

Lavez et coupez les champignons en six.

Faites dorer l'échalote et les champignons dans une casserole avec un filet d'huile d'olive, 15 minutes environ, sur feu modéré.

Pendant ce temps, préparez une béchamel : dans une casserole, faites fondre le beurre. Hors du feu, versez en une seule fois la farine de blé noir, mélangez bien puis versez le lait. Remettez la préparation sur feu modéré et faites cuire en remuant, jusqu'à épaississement, 5 minutes environ.

Ajoutez la béchamel aux champignons et mixez le tout finement à l'aide d'un mixeur plongeant. Assaisonnez de sel, de poivre et de muscade. Si le velouté est trop épais, rallongez-le d'un peu plus de lait.

Réchauffez le velouté sur feu doux quelques minutes.

Répartissez le velouté dans les bols, décorez de lamelles de champignon cru, versez un filet d'huile d'olive et quelques grains de fleur de sel. Servez chaud et dégustez.

Velouté de potimarron à l'orange

Préparation : 10 minutes • Cuisson : 30 minutes • Difficulté : ★ Budget : ★

Pour 4 personnes

- 1 oignon
- 1 potimarron
- 3 cuil. à soupe de crème fraîche épaisse
- 2 oranges
- 2 cuil. à café de noix de muscade en poudre
- Sel et poivre

Épluchez et émincez l'oignon. Détaillez le potimarron en gros cubes.

Dans une cocotte-minute huilée, faites revenir l'oignon et dorez le potimarron à feu vif.

Couvrez d'eau, fermez la cocotte et laissez cuire pendant 30 minutes environ.

Mixez le potimarron avec la crème fraîche et le jus des oranges. Salez, poivrez et ajoutez la muscade.

Velouté de potiron aux graines de sésame

Préparation : 20 minutes • Cuisson : 30 minutes • Difficulté : ★ Budget : ★

Pour 4 personnes

- 1 gros potiron
- 2 cuil. à soupe d'huile de sésame
- 1 cube de bouillon de volaille
- 20 cl de crème liquide
- 100 g de graines de sésame
- Poivre

Épluchez le potiron et enlevez les graines. Coupez-le en gros dés. Faites-le revenir pendant 5 minutes dans l'huile de sésame dans une grosse cocotte.

Couvrez d'eau à niveau et ajoutez le bouillon. Poivrez et laissez mijoter jusqu'à ce que le potiron soit tendre.

Mixez, ajoutez la crème et mélangez. Faites chauffer à feu doux pendant encore 5 minutes.

Servez la soupe dans des bols et parsemez de graines de sésame au moment de servir.

Velouté de potimarrons et carottes

Préparation : 15 minutes • Cuisson : 35 minutes • Difficulté : ★ Budget : ★

Pour 4 personnes

- **2 potimarrons**
- **8 carottes**
- **2 cuil. à soupe d'huile d'olive**
- **2 oignons**
- **1 cube de bouillon de légumes**

Retirez l'écorce des potimarrons. Pelez les carottes. Coupez les légumes en petits morceaux.

Faites chauffer l'huile d'olive dans une casserole. Ajoutez les oignons émincés et faites-les fondre quelques minutes.

Ajoutez les légumes. Recouvrez d'eau. Incorporez le cube de bouillon. Faites cuire 30 minutes environ et mixez.

Velouté de radis roses

Préparation : 15 minutes • Cuisson : 2 minutes • Difficulté : ★ Budget : ★

Pour 4 verrines

- **1 botte de radis**
- **1 cuil. à soupe de vinaigre de cidre**
- **10 cl de lait**
- **8 fromages frais (type Carré frais)**
- **Huile d'olive**
- **Sel, fleur de sel et poivre**

Nettoyez les radis et ne gardez que la partie rose puis pochez-les à peine quelques secondes dans de l'eau bouillante.

Plongez les radis dans de l'eau glacée afin d'enlever l'amertume. Séchez-les.

Mixez les radis avec le vinaigre, le lait, le fromage, du sel et du poivre.

Servez bien frais avec un filet d'huile d'olive et un peu de fleur de sel.

Velouté de langoustines

Préparation : 20 minutes • Cuisson : 30 minutes • Difficulté : ★ Budget : ★★

Pour 8 verrines

- **10 langoustines (crues)**
- **20 g de beurre**
- **2 cuil. à soupe d'huile d'olive**
- **1 oignon**
- **1 gousse d'ail**
- **100 g de concentré de tomates**
- **1 cuil. à soupe de persil plat**
- **10 cl de vin blanc sec**
- **10 cl de crème fraîche épaisse**
- **Sel et poivre**

Décortiquez les langoustines.

Dans une casserole, faites fondre le beurre dans l'huile d'olive. Ajoutez l'oignon détaillé grossièrement, l'ail pressé, le concentré de tomates et le persil.

Plongez les têtes et les carapaces des langoustines et faites cuire à feu vif pendant 5 minutes.

Déglacez avec le vin blanc et laissez mijoter à petits bouillons pendant 15 minutes.

Passez la préparation au chinois.

Dans une poêle beurrée, faites revenir les langoustines. Mixez et ajoutez-les au bouillon avec la crème fraîche. Salez et poivrez.

Faites chauffer à feu doux pendant 5 minutes.

Servez le velouté bien chaud.

Velouté de tomates au chorizo

Préparation : 15 minutes • Cuisson : 30 minutes • Difficulté : ★ Budget : ★

Pour 4 personnes

- **4 pommes de terre**
- **60 cl de bouillon de volaille**
- **500 g de tomates**
- **Thym**
- **1 feuille de laurier**
- **100 g de chorizo**
- **Croûtons**
- **1 gousse d'ail**
- **1 cuil. à soupe de crème fraîche épaisse**
- **Huile d'olive**
- **Tabasco**
- **Sel et poivre**

Épluchez, lavez et coupez les pommes de terre en petits morceaux.

Versez dans une grande casserole les pommes de terre avec le bouillon de volaille.

Mondez les tomates (entaillez les tomates d'une croix et plongez-les quelques secondes dans une eau bouillante afin de retirer la peau plus facilement, puis rafraîchissez-les dans l'eau glacée), coupez-les en quatre et enlevez les pépins.

Au bout de 15 minutes, ajoutez aux pommes de terre les tomates coupées, une pincée de thym et la feuille de laurier. Laissez mijoter à nouveau 15 minutes.

Détaillez le chorizo en petits cubes. Faites dorer quelques croûtons et aillez-les.

Mixez la soupe finement. Assaisonnez de sel, de poivre et ajoutez la crème fraîche. Ajoutez les lamelles de chorizo au velouté.

Répartissez dans les bols, ajoutez un filet d'huile d'olive et dégustez avec quelques croûtons frottés à l'ail. Relevez de quelques gouttes de Tabasco selon votre goût. Dégustez.

Conseil : si le velouté est trop épais à votre goût, rallongez-le avec du bouillon de volaille.

Velouté de topinambours aux magrets fumés

Préparation : 30 minutes • Cuisson : 40 minutes • Difficulté : ★ Budget : ★★

Pour 6 verrines

- **2 kg de topinambours**
- **2 pommes de terre**
- **2 cuil. à soupe d'huile d'olive**
- **2 cubes de bouillon de légumes**
- **6 cuil. à soupe de crème fraîche épaisse**
- **2 cuil. à soupe d'amandes effilées**
- **80 g de foie gras**
- **90 g de magret de canard fumé**
- **Graines germées**
- **Sel et poivre**

Épluchez les légumes. Coupez-les en dés et faites-les revenir 10 minutes dans l'huile d'olive.

Ajoutez les cubes de bouillon, versez de l'eau pour couvrir tout juste les légumes et laissez cuire 30 minutes.

Mixez finement et ajoutez la crème. Rectifiez l'assaisonnement.

Grillez les amandes à sec dans une poêle.

Coupez le foie gras en dés et retirez le gras des filets de magret.

Versez le velouté dans les verrines. Répartissez les dés de foie gras, déposez 3 ou 4 filets de magret, parsemez d'amandes grillées et décorez de graines germées. Servez aussitôt.

Soupe d'abricots

Préparation : 10 minutes • Cuisson : 8 minutes • Difficulté : ★ Budget : ★

Pour 4 personnes

- **10 abricots**
- **1 cuil. à soupe de Maïzena**
- **40 cl de lait**
- **1 cuil. à soupe de poudre d'amandes**
- **1 gousse de vanille**
- **Amandes effilées**

Lavez, coupez les abricots en deux et dénoyautez-les. Délayez la Maïzena dans un peu de lait froid et versez-la dans une casserole avec le reste de lait, la poudre d'amandes, la vanille fendue en 2 et 16 oreillons d'abricot.

Chauffez tout en remuant jusqu'à ce que ça épaississe un peu. Retirez du feu et laissez tiédir.

Enlevez la gousse de vanille puis mixez avant de verser dans des coupes ou ramequins et placez au frais. Avant de servir, disposez des morceaux d'abricots coupés en lamelles et des amandes.

Soupe d'abricots au muscat

Préparation : 10 minutes • Cuisson : 15 minutes • Repos : 4 heures • Difficulté : ★ Budget : ★

Pour 4 personnes

- **100 g de miel**
- **75 cl de muscat**
- **½ gousse de vanille**
- **½ citron non traité**
- **500 g d'abricots**

Délayez le miel avec 60 cl de muscat, ajoutez la gousse de vanille ouverte en deux, le zeste et le jus du demi-citron. Portez le mélange à ébullition.

Au bout de 5 minutes, plongez les abricots partagés en deux et dénoyautés dans le muscat. Faites-les cuire 10 minutes.

Enlevez la peau des abricots. Elle se détache facilement. Versez les fruits dans un saladier. Réduisez le liquide de cuisson de moitié. Filtrez-le, puis versez-le sur les abricots. Réservez 4 heures au frais.

Avant de servir, ajoutez le muscat restant sur les abricots.

Soupe de figues fraîches

Préparation : 15 minutes • Cuisson : 5 minutes • Difficulté : ★ Budget : ★

Pour 4 personnes

- **8 figues**
- **2 oranges**
- **1 citron**
- **½ pamplemousse**
- **4 cuil. à soupe de sucre**

Mettez les figues au frais. Pressez les oranges, le citron et le pamplemousse.

Mélangez dans une casserole le jus des fruits et le sucre. Faites chauffer quelques minutes, sans atteindre l'ébullition. Réservez au frais.

Lavez les figues et essuyez-les délicatement. Coupez-les en tranches fines. Répartissez-les dans quatre bols et versez le jus d'agrumes. Dégustez très frais.

Soupe de fraises, muscat et citron

Préparation : 15 minutes • Cuisson : 5 minutes • Repos : 2 heures • Difficulté : ★ Budget : ★

Pour 4 personnes

- **50 cl de vin blanc**
- **10 cl de muscat**
- **10 cl de sirop de sucre de canne**
- **1 citron non traité**
- **4 branches de menthe**
- **500 g de fraises**

Mélangez dans une casserole le vin, le muscat, le sirop de sucre de canne, 2 cuil. à soupe de jus de citron et le zeste du citron. Portez à ébullition, ôtez aussitôt du feu, ajoutez 3 branches de menthe, couvrez et laissez infuser 15 minutes. Retirez la menthe.

Lavez puis équeutez les fraises. Coupez-les en quatre et mettez-les dans un saladier. Versez le vin refroidi. Couvrez et placez au réfrigérateur au moins 2 heures.

Répartissez les fraises avec leur jus dans des assiettes creuses et parsemez de menthe ciselée. Servez.

Cocktail vitaminé et épicé

Préparation : 5 minutes • Difficulté : ★ Budget : ★

Pour 4 verres

- **2 carottes**
- **5 tomates**
- **2 oranges**
- **Le jus de 1 citron**
- **2 cuil. à soupe de sucre**
- **5 feuilles de menthe**
- **Piment d'Espelette en poudre**

Pelez les carottes.

Passez les tomates et les carottes au mixeur, puis filtrez.

Remettez le jus obtenu dans le mixeur et ajoutez les oranges pelées, le jus de citron, le sucre et les feuilles de menthe. Mixez de nouveau.

Saupoudrez d'une pincée de piment d'Espelette.

Servez très frais.

Conseil : le fait de filtrer la préparation évite de peler les tomates et d'enlever les pépins. Vous pouvez ajouter du curry pour une touche exotique ou bien remplacer la menthe fraîche par des feuilles de basilic. Si vous avez une centrifugeuse, n'hésitez pas à l'utiliser pour les jus de carotte et d'orange.

Fromage frais et gaspacho de fraises

Préparation : 15 minutes • Cuisson : 2 minutes • Difficulté : ★ Budget : ★

Pour 6 mini verrines

- **125 g de fraises**
- **4 cuil. à soupe de vinaigre balsamique**
- **1 cuil. à soupe de sucre**
- **100 g de fromage frais**
- **Poivre**

Lavez et équeutez les fraises, puis passez-les au mixeur.

Ajoutez une pincée de poivre et réservez.

Versez le vinaigre balsamique dans une casserole ainsi que le sucre et portez à ébullition pendant 2 minutes. Laissez refroidir.

Mélangez le fromage frais, afin de le rendre onctueux.

À l'aide de 2 cuillères à café, formez un petit mont de fromage au milieu des verrines.

Versez un peu de gaspacho de fraises poivrées autour du fromage. Versez enfin quelques gouttes de concentré de vinaigre balsamique sur le fromage.

Gaspacho de melon à la menthe poivrée

Préparation : 15 minutes • Repos : 2 heures • Difficulté : ★ Budget : ★

Pour 4 personnes

- **1 melon**
- **2 cuil. à soupe de sucre**
- **6 feuilles de menthe poivrée**

Épluchez et mixez le melon.

Ajoutez le sucre et mélangez.

Incorporez les feuilles de menthe poivrée et laissez infuser au réfrigérateur pendant 2 heures.

Retirez les feuilles de menthe et servez bien frais.

Soupe d'été

Préparation : 20 minutes • Difficulté : ★ Budget : ★★

Pour 6 personnes

- **2 melons (de belle taille)**
- **2 citrons verts non traités**
- **2 cuil. à soupe de sucre**
- **1 kg de pastèques**
- **125 g de fraises**

Coupez les melons en deux et retirez les pépins. Videz un demi-melon à l'aide d'une cuillère parisienne. Prélevez le reste de la chair des melons et mixez-la.

Prélevez quelques zestes, pressez les citrons et ajoutez leur jus à la soupe de melon. Ajoutez ensuite le sucre et réservez au frais.

Prélevez des billes de pastèque et coupez les fraises en deux.

Versez la soupe de melon dans les verrines, ajoutez les billes de fruits, les fraises et déposez quelques zestes de citron.

Servez bien frais.

Soupe de bananes au lait de coco, sauce au chocolat

Préparation : 20 minutes • Cuisson : 15 minutes • Difficulté : ★ Budget : ★

Pour 4 personnes

- **4 bananes**
- **20 g de sucre**
- **½ cuil. à café de vanille en poudre**
- **½ cuil. à café de quatre-épices**
- **80 cl de lait de coco**
- **40 g de chocolat noir**
- **5 cl de lait**
- **Biscuits à la noix de coco**

Pelez et coupez les bananes en morceaux.

Dans un blender ou un mixeur, mettez les bananes, le sucre, la vanille en poudre ainsi que le mélange de quatre-épices. Mixez et versez, petit à petit, 65 cl de lait de coco.

Préparez la sauce au chocolat : dans une petite casserole, faites fondre le chocolat avec le lait à feu doux, puis mélangez.

Versez la soupe de bananes dans des bols. Ajoutez le lait de coco restant sur le dessus et servez avec la sauce au chocolat et des biscuits à la noix de coco. Dégustez.

Conseil : rectifiez le sucre selon votre goût et allongez la soupe de lait de coco si le mélange est trop épais. Cela dépendra de la taille des bananes employées et de leur teneur en sucre.

Soupe de cerises

Préparation : 15 minutes • Cuisson : 15 minutes • Difficulté : ★ Budget : ★

Pour 4 verrines

- **1 kg de cerises**
- **80 g de sucre**
- **20 g de beurre**
- **1 bâton de cannelle**
- **1 gousse de vanille**
- **20 cl de vin rouge**
- **4 cuil. à soupe de kirsch**
- **1 cuil. à soupe de farine**
- **Crème Chantilly**
- **Brioche**

Lavez et dénoyautez les cerises. Saupoudrez-les de sucre.

Dans une poêle, mettez le beurre, ajoutez les cerises, le bâton de cannelle, la gousse de vanille fendue en deux et grattée. Faites cuire 5 minutes.

Puis versez le vin, 20 cl d'eau minérale ainsi que le kirsch. Laissez frémir 5 minutes.

Prélevez une petite louche du jus de cuisson et délayez celui-ci avec la farine. Veillez à ce qu'il n'y ait pas de grumeaux. Ajoutez ce mélange à la soupe, mélangez et poursuivez la cuisson encore 5 minutes.

Servez la préparation encore chaude dans des bols et accompagnez la soupe de chantilly et de brioche.

Soupe de fraises à la menthe et au jasmin

Préparation : 20 minutes • Repos : 25 minutes • Difficulté : ★ Budget : ★

Pour 4 personnes

- **500 g de fraises**
- **20 feuilles de menthe**
- **6 g de thé au jasmin**
- **30 g de sucre**
- **Crème Chantilly**
- **Biscuits sablés**

Lavez et équeutez les fraises. Coupez-les en morceaux. Lavez et ciselez les feuilles de menthe. Faites infuser le thé au jasmin dans 50 cl d'eau chaude et laissez-le refroidir.

Dans un saladier, versez les fraises, la menthe et le sucre. Mélangez et laissez reposer 10 minutes.

Mixez finement les fraises et versez petit à petit le thé refroidi. Rectifiez la quantité de sucre si nécessaire, celle-ci dépend de la teneur en sucre des fraises employées.

Placez au frais 15 minutes.

Répartissez la soupe de fraises dans des bols. Accompagnez d'un soupçon de chantilly et de quelques biscuits sablés. Dégustez.

Soupe de fruits rouges

Préparation : 15 minutes • Repos : 1 heure • Difficulté : ★ Budget : ★★

Pour 4 personnes

- **800 g de fraises**
- **250 g de framboises**
- **125 g de myrtilles**
- **6 feuilles de menthe**
- **1 cuil. à soupe de jus de citron**
- **1 cuil. à soupe de sucre de cannelle**
- **1 sachet de sucre vanillé**

Nettoyez les fruits et équeutez-les.

Coupez les fraises en morceaux, ajoutez la menthe, le jus de citron et les sucres.

Mixez le tout et placez au frais 1 heure.

Remplissez les cocottes de soupe de fraises, déposez les framboises et les myrtilles. Au moment de servir, décorez de petites feuilles de menthe.

Servez très frais, accompagné de madeleines ou d'une tranche de quatre-quarts.

Soupe de grenades et framboises au thé vert

Préparation : 10 minutes • Repos : 30 minutes • Difficulté : ★ Budget : ★

Pour 4 personnes

- **4 grenades**
- **40 cl de thé vert**
- **48 framboises**
- **Sucre**
- **Biscuits sablés**
- **Crème Chantilly**

Coupez les grenades en deux et récupérez le jus ainsi que les graines.

Préparez 40 cl de thé vert et laissez refroidir.

Mixez le jus et les graines de grenades avec les framboises. Passez au tamis afin d'éliminer les pépins. Allongez ce jus avec le thé vert refroidi. Mélangez et sucrez selon votre goût.

Disposez au frais, 30 minutes minimum.

Répartissez la soupe dans des coupes. Accompagnez de biscuits sablés et d'un peu de chantilly.